国家自然科学基金项目（41871117）

北京三条文化带保护发展的总体思路与国外借鉴

孙 威 主编

科学出版社

北 京

内 容 简 介

　　北京是全国的文化中心，《北京市国民经济和社会发展第十三个五年规划纲要》中明确提出制定实施长城文化带、运河文化带、西山文化带保护利用规划。本书重点阐述了三条文化带的文化本质和内涵、三条文化带保护发展的条件和问题、国外河流型遗产地和山岳型遗产地保护发展的经验和启示、三条文化带保护发展的总体思路和近期行动计划等，同时就建设三条文化带的背景、意义、对策等做了扼要阐述。

　　本书可供开展线性文化遗产保护发展相关研究和实践以及开展规划决策的基础性工作时参考，也可为地理学、区域发展、城乡规划、资源科学等相关领域的学者、规划工作者及相关部门人员和管理者参考。

图书在版编目（CIP）数据

北京三条文化带保护发展的总体思路与国外借鉴/孙威主编. —北京：科学出版社，2019.10

　　ISBN 978-7-03-059604-8

　　Ⅰ. ①三… Ⅱ. ①孙… Ⅲ. ①文化遗产-保护-研究-北京 Ⅳ. ①G127.1

中国版本图书馆CIP数据核字（2019）第259070号

责任编辑：马　跃　李　嘉 / 责任校对：王丹妮
责任印制：肖　兴 / 封面设计：无极书装

斜　学　出　版　社 出版

北京东黄城根北街16号
邮政编码：100717
http://www.sciencep.com

北京九天鸿程印刷有限责任公司 印刷
科学出版社发行　各地新华书店经销

*

2019年10月第　一　版　开本：720×1000 1/16
2019年10月第一次印刷　印张：11
字数：215 000

定价：108.00元
（如有印装质量问题，我社负责调换）

前　　言

　　2014年，习近平总书记在北京市考察时指出："历史文化是城市的灵魂，要像爱惜自己的生命一样保护好城市历史文化遗产。"①北京是世界著名古都，丰富的历史文化遗产是一张金名片，传承保护好这份宝贵的历史文化遗产是首都的职责。要本着对历史负责、对人民负责的精神，传承历史文脉，处理好城市改造开发和历史文化遗产保护利用的关系，切实做到在保护中发展、在发展中保护。在此背景下，《北京市国民经济和社会发展第十三个五年规划纲要》（以下简称北京市"十三五"规划纲要）在"着力建设全国文化中心"一篇中明确提出，推进区域文化遗产连片、成线保护利用。挖掘区域文化遗产整体价值，制定实施北部长城文化带、东部运河文化带、西部西山文化带②保护利用规划。

　　长期以来，人文与经济地理学者习惯或擅长研究经济带，创造性地提出了点轴系统理论，并且该理论成为我国不同尺度地域空间规划中得到普遍应用的基础理论（陆大道，1995），然而对文化带的研究却相对不足。从学科发展看，20世纪90年代中期开始，西方经济地理学开始出现文化和制度转向，将传统经济地理学所忽视或认为属于其他分支学科的制度、文化等因素融入经济新时空的研究中，有力地促进了经济地理学在西方社会科学中的复兴和与主流社会科学研究之间的对话（苗长虹等，2002）。在此背景下，中国文化地理学呈现精明增长的态势（Fan and Sun，2011），区域发展和研究的重点逐步从"硬环境"（城市建设、基础设施）转向"软环境"（体制机制、传统文化）（樊杰等，2017）。从现实发展情况看，国际经验表明人均GDP（gross domestic product，国内生产总值）在1 000美元以下时居民消费以物质消费为主，人均GDP超过5 000美元时转向以精神文化消费为主。2016年中国人均GDP达到8 866美元，居民对精神文化的需求和消费进入快速增长期，文化正逐步成为经济社会的必需品，并在城市建设、创新创造、精神塑造方面发挥举足轻重的作用。因此，文化在区域发展中的

---

① 习近平在北京考察工作. http://politics.people.com.cn/n/2014/0226/c70731-24474744.html[2014-02-26].
② 北部长城文化带、东部运河文化带、西部西山文化带简称三条文化带。

作用和价值、驱动机制和互动机理以及文化带的形成演化规律、空间组织模式、文化带与经济带的异同点等，是值得深入研究的科学命题。

京津冀协同发展已经上升为国家战略，核心是有序疏解北京非首都功能。然而，当前对于京津冀协同发展的研究更多地强调在交通一体化、生态环境保护、产业对接协作三个领域率先突破，忽视或没有足够重视文化在协同发展中的作用，而文化协同恰恰是这一地区有望率先实现突破的领域，这不仅有现实基础，还有深远影响。京津冀三省市不仅地缘相接、人缘相亲，而且文脉相承、历史渊源深厚，北京和张家口将在2022年联合举办冬奥会，依托重大体育赛事打造京张冬奥产业带，培育沿线重要的产业园区和特色小镇，这些举措有利于在有序疏解北京非首都功能的同时，培育和强化首都全国文化中心的核心功能，也与国家到2020年全面脱贫目标（环京津贫困带）有机统一起来，从而实现多方共赢。北京三条文化带有这样的条件，也应该发挥这样的作用。

2016年10月受北京市发展和改革委员会的委托，我们承担了"三条文化带保护发展总体思路与对策研究"课题研究工作，并在2017年通过了专家评审。本书是在课题研究报告的基础上进一步修改完善的成果，全书分为八章，其中第一、七章由孙威完成，第二、八章由申现杰和孙威完成，第三、四、五、六章由马海涛和孙威完成。由于成文仓促，加上水平有限，书中或有不妥之处，敬请读者指正。

孙威

2019年3月8日

目　　录

第一章　保护发展的意义和条件评价

文化是民族的血脉，是人民的精神家园，是国家强盛的支撑。坚持"两手抓、两手都要硬"，推动物质文明和精神文明协调发展，繁荣发展社会主义先进文化，是党和国家的战略方针①。2014年2月，习近平总书记在北京市考察时指出："历史文化是城市的灵魂，要像爱惜自己的生命一样保护好城市历史文化遗产。"②北京是世界著名古都，丰富的历史文化遗产是一张金名片，传承保护好这份宝贵的历史文化遗产是首都的职责，要本着对历史负责、对人民负责的精神，传承历史文脉，处理好城市改造开发和历史文化遗产保护利用的关系，切实做到在保护中发展、在发展中保护。

2017年2月，习近平总书记在北京市考察时指出："北京历史文化是中华文明源远流长的伟大见证，要更加精心保护好，凸显北京历史文化的整体价值，强化'首都风范、古都风韵、时代风貌'的城市特色"③，"北京城市副中心建设要高度重视绿化、美化，增强吸引力。通州有不少历史文化遗产，要古为今用，深入挖掘以大运河为核心的历史文化资源。保护大运河是运河沿线所有地区的共同责任，北京要积极发挥示范作用"④。

在此背景下，北京市"十三五"规划纲要在"着力建设全国文化中心"一篇中明确提出，推进区域文化遗产连片、成线保护利用。挖掘区域文化遗产整体价值，制定实施北部长城文化带、东部运河文化带、西部西山文化带保护利用规划（北京市人民政府，2016）。

---

① 新华社. 中共中央办公厅　国务院办公厅印发《国家"十三五"时期文化发展改革规划纲要》. http://www.xinhuanet.com//politics/2017-05/07/c_1120931794.htm[2017-05-07].

② 习近平在北京考察工作. http://politics.people.com.cn/n/2014/0226/c70731-24474744.html[2014-02-26].

③ 新华网. 图片故事：习近平心中的北京城. http://www.xinhuanet.com/politics/2017-03/01/c_1120550040.htm [2017-03-01].

④ 新华网. 习近平在北京考察：抓好城市规划建设，筹办好冬奥会. http://www.xinhuanet.com//politics/2017-02/24/c_129495572.htm[2017-02-24].

第一节 三条文化带的意义

为了阐释清楚北京三条文化带建设的意义，我们首先必须回答的一个问题是，北京为什么要打造三条文化带，更确切地说，为什么要在"十三五"时期提出打造三条文化带。综合已有研究，至少有三方面的原因。

第一，北京的经济社会发展阶段决定了经济发展的驱动力逐步由以劳动、资本、技术为主转向以文化、制度、创新为主。根据国际经验，人均GDP在1 000美元以下时居民消费以物质消费为主，人均GDP在3 000美元时进入物质消费和精神文化消费并重的时期，人均GDP超过5 000美元时转向以精神文化消费为主的时期。2015年北京市人均GDP 10.6万元，折合1.7万美元，居民对精神文化的需求和消费进入快速增长期。在这样一个阶段，北京市提出打造三条文化带，引导消费需求由物质消费和精神文化消费并重向以精神文化消费为主转变，通过精神文化消费引导精神文化供给是恰逢其时的。

第二，实现中华民族伟大复兴的中国梦，首先是实现文化复兴。中华文化博大精深，历久弥新，孕育出自强不息和厚德载物的民族精神，使中华民族历经沧桑，依然屹立于世界东方。党的十八大以后，以习近平同志为核心的党中央高瞻远瞩，提出了中华民族伟大复兴的中国梦。中国梦也是文化梦，因为我们要以优秀的中华文化坚持中国道路、弘扬中国精神、凝聚中国力量，重树中华民族的文化自信。

第三，北京市人民政府重视文化的价值和作用，长期以来围绕全国文化中心建设和历史文化名城保护，做了大量基础性工作，历史文化得到有效保护并在继承中快速发展。站在新的历史起点，重新审视历史文化建设中走过的道路，却是迂回曲折的。北京在新的历史起点上取得更大突破，必须充分发挥文化引领风尚、教育人民、服务社会、推动发展的作用，迫切需要补齐文化发展的短板、实现文化小康，丰富人民的精神文化生活，提高国民素质和社会文明程度。因此，北京市人民政府在"十三五"时期提出打造三条文化带，通过以线穿点、以线带面，将京津冀协同发展和北京全国文化中心建设落到实处。

综上，北京市打造三条文化带的意义有四点。

一、有利于增强文化自信，提高文化软实力，展现中华民族伟大复兴的良好形象

文明，特别是思想文化，是一个国家、一个民族的灵魂。无论哪一个国家、哪

一个民族，如果不珍惜自己的思想文化，丢掉了思想文化这个灵魂，这个国家、这个民族都是立不起来的。中国优秀传统文化，可以为治国理政提供有益启示，也可以为道德建设提供有益启发。中国今天的国家治理体系，是在中国历史传承、文化传统、经济社会发展的基础上长期发展、渐进改革、内生性演化的结果。只有坚持从历史走向未来，在延续民族文化血脉中开拓前进，我们才能做好今天的事业。没有文明的继承和发展，没有文化的弘扬和繁荣，就没有中国梦的实现。

党的十八大以来，习近平总书记曾在多个场合提到文化自信，传递出他的文化理念和文化观。在2014年中央政治局第十三次集体学习中，习近平总书记提出要增强文化自信和价值观自信。之后的两年间，习近平总书记又对此有过多次论述，增强文化自觉和文化自信是坚定道路自信、理论自信、制度自信的题中应有之义。中国有坚定的道路自信、理论自信、制度自信，其本质是建立在5 000多年文明传承基础上的文化自信。2016年5月和6月，习近平总书记又连续两次对"文化自信"加以强调，指出我们要坚定中国特色社会主义道路自信、理论自信、制度自信，说到底是要坚持文化自信（王子晖，2016）。

中国虽然有强大的文化根基和强劲的文化发展势头，但事实不容忽视，中国目前还只是一个文化大国而不是一个文化强国，我们文化软实力的表现与物质硬实力的日益强大并不相称。如何提高文化软实力？践行文化自信，让中华文化走向世界。习近平总书记指出，提高国家文化软实力，要努力展示中华文化独特魅力；要把跨越时空、超越国度、富有永恒魅力、具有当代价值的文化精神弘扬起来，把继承传统优秀文化又弘扬时代精神、立足本国又面向世界的当代中国文化创新成果传播出去。提高国家文化软实力，关系"两个一百年"奋斗目标和中华民族伟大复兴中国梦的实现。一个国家如果硬实力不行，可能一打就败；而如果软实力不行，可能不打自败（王子晖，2016）。

从古代史的意义看，上溯到丝绸之路、郑和下西洋等中国古代物质文明的交流，以及在精神文明领域，中国古代哲学如儒家、道家、禅宗等的思想理论一直影响着从启蒙主义时代至今的西方思想界。中国儒家文化、古希腊理性主义文化、基督教文化，都是世界不同类型的文明对世界生成系统的解释，也意味着世界未来"文化话语"竞争的三大格局。当前国际竞争虽然表现为政治与经济实力的竞争，但究其根本却是文化的竞争。中华文化复兴的目标，与实现"中国梦"是一致的，其主体是人民群众。将文化复兴内化到民族复兴的过程中是中国共产党的使命，关键是制度建设。在实务上，中华文化复兴要做到"一略三力"。"一略"，就是将"文化强国"上升到国家战略，让文化服务于国家软实力建设。"三力"，就是在国家政治建设、经济建设、文化建设、社会建设、生态文明建设"五位一体"总体布局中，实现文化原动力、拉动力、创新力。实现文化的原动力，要认同文化在社会发展中的统摄作用；实现文化的拉动力，是指实现文化对经济增长的拉动作用；实现文化的创新力，说到底就是为国家发展提供源源不断的思想动力。①

中国1985年加入世界遗产公约，截至2018年7月共有53个项目被联合国教育、科学及文化组织（United Nations Educational, Scientific and Cultural Organization, UNESCO）列入《世界遗产名录》，中国成为世界上拥有世界遗产最多的国家之一（表1-1）。依托世界遗产打造文化带，促进历史文化遗产的合理保护与永续利用，不仅是中国而且是世界各国面临的共同议题。长城（1987年）、北京颐和园（1998年）、中国大运河（2014年）是世界著名的文化遗产，也是中国多民族融合的纽带和象征。

表1-1　中国的世界遗产名录

类型	项目数	名录
世界文化遗产	32	周口店北京人遗址（1987年），甘肃敦煌莫高窟（1987年），长城（1987年），西安秦始皇陵及兵马俑坑（1987年），北京故宫（1987年），武当山古建筑群（1994年），曲阜孔庙、孔林、孔府（1994年），承德避暑山庄及周围寺庙（1994年），西藏布达拉宫（大昭寺、罗布林卡）（1994年），苏州古典园林（1997年），山西平遥古城（1997年），云南丽江古城（1997年），北京天坛（1998年），北京颐和园（1998年），重庆大足石刻（1999年），皖南古村落西递、宏村（1999年），明清皇家陵寝（2000年、2003年、2004年），河南洛阳龙门石窟（2000年），四川青城山和都江堰（2000年），大同云冈石窟（2001年），高句丽王城王陵及贵族墓葬（2004年），澳门历史城区（2005年），安阳殷墟（2006年），开平碉楼与村落（2007年），福建土楼（2008年），河南登封天地之中古建筑群（2010年），元上都遗址（2012年），云南红河哈尼梯田（2013年），中国大运河（2014年），丝绸之路：长安—天山廊道的路网（2014年），中国土司遗址（2015年），厦门鼓浪屿（2017年）
世界自然遗产	13	四川九寨沟风景名胜区（1992年），四川黄龙风景名胜区（1992年），湖南武陵源风景名胜区（1992年），云南三江并流（2003年），四川大熊猫栖息地（2006年），中国南方喀斯特（2007年），江西三清山（2008年），中国丹霞（2010年），中国澄江化石地（2012年），新疆天山（2013年），湖北神农架（2016年），青海可可西里（2017年），贵州梵净山（2018年）
世界文化与自然遗产	4	山东泰山（1987年），安徽黄山（1990年），四川峨眉山-乐山大佛（1996年），福建武夷山（1999年）
世界文化景观遗产	4	江西庐山（1996年），山西五台山（2009年），杭州西湖文化景观（2011年），左江花山岩画文化景观（2016年）

长城是中华民族意志、勇气、力量的标志，以其雄伟的气势和博大精深的文化内涵，成为中华民族重要的文化象征和文化创作灵感源泉。连贯成线的长城绵延于11个省（自治区、直辖市），自从汉武帝派遣张骞出使西域诸国之后，就

---

① 饶贵民："中国梦"与中华文化复兴，http://theory.people.com.cn/n/2014/1204/c359404-26150090.html[2014-12-04].

以长城要塞为根据地，开辟了东起长安（今西安）、西到大秦（今地中海东岸一带），全长2万余里（1里=0.5千米）的交通干道，这就是著名的丝绸之路。长城在世界上知名度极高，它的历史文化和人文价值已为世界公认，是世界其他国家人民了解中国历史、中国文化、中华民族的一个切入点（图1-1）。

图1-1　慕田峪长城考察图
图片为作者拍摄

中国大运河是中国人民勤劳、智慧、和合的象征，是中国古代的伟大工程之一，也是世界上里程最长、工程最大、最古老的运河。大运河连接京津冀和长三角两大城市群，作为沟通南北方的交通大动脉，历史上曾起着"半天下之财赋，悉由此路而进"的巨大作用，促进了沿岸城市发展，也成为沟通大运河沿线地区的重要政治、经济、文化纽带。

西山是向世界展示中国多元文化的窗口，集合了以颐和园为代表的明清皇家园林世界遗产、八大处等丰富的宗教文化资源，与承德历史文化名城、避暑山庄及其周围寺庙遥相呼应。

2017年1月中共中央办公厅、国务院办公厅印发的《关于实施中华优秀传统文化传承发展工程的意见》指出，随着我国经济社会深刻变革、对外开放日益扩大、互联网技术和新媒体快速发展，各种思想文化交流交融交锋更加频繁，迫切需要深化对中华优秀传统文化重要性的认识，进一步增强文化自觉和文化自信；迫切需要深入挖掘中华优秀传统文化价值内涵，进一步激发中华优秀传统文化的生机与活力；迫切需要加强政策支持，着力构建中华优秀传统文化传承发展体系。实施中华优秀传统文化传承发展工程，是建设社会主义文化强国的重大战略任务，对于传承中华文脉、全面提升人民群众文化素养、维护国家文化安全、增强国家文化软实力、推进国家治理体系和治理能力现代化，具有重要意义①。

二、有利于落实京津冀协同发展战略，推进京津冀"艺"体化发展

京津冀地区包括北京、天津、河北两市一省，是我国人口和经济活动最密集的区域之一。2014年京津冀地区以占全国2.3%的土地面积集中了全国8.1%的人口和10.4%的地区生产总值（表1-2）。

表1-2　2014年京津冀地区概况

指标	总量	全国=100	指标	总量	全国=100
土地面积/万千米²	21.75	2.3	客运量/万人	152 377	6.9
年末常住人口/万人	11 052.2	8.1	货运量/万吨	291 768	6.7
城镇化水平	61.1%	—	进出口总额/亿美元	6 093.3	14.2
地区生产总值/亿元	66 478.9	10.4	外商直接投资/亿美元	342.8	28.7
人均GDP/元	50 150	—	研发经费投入/亿元	2 047.7	15.4
全社会固定资产投资/亿元	45 888.3	8.9	技术市场成交额/亿元	3 584.0	41.8
社会消费品零售额/亿元	26 197.2	9.6	二氧化硫排放量/万吨	147.8	7.5
工业增加值/亿元	24 156.6	10.6	细颗粒物平均浓度/（微克/米³）	93.0	—

实现京津冀协同发展已经上升为国家战略，核心是有序疏解北京非首都功能。坚持问题导向，重点突破，改革创新，立足各自比较优势、现代产业分工要求、区域优势互补原则及合作共赢理念，以资源环境承载能力为基础、以京津冀城市群建设为载体、以优化区域分工和产业布局为重点、以资源要素空间统筹规划利用为主线、以构建长效体制机制为抓手，着力调整优化经济结构和空间结构，着力构建现代化交通网络系统，着力扩大环境容量生态空间，着力推进产业转型升级，着力推动公共服务共建共享，着力加快市场一体化进程，加快打造现代化新型首都圈，努力形成京津冀目标同向、措施一体、优势互补、互利共赢的协同发展新格局，打造中国经济发展新的支撑带。

实现京津冀文化交流合作，是落实京津冀协同发展战略的重要抓手。以往对于京津冀一体化的研究更多强调在交通一体化、生态环境保护、产业对接协作三个重点领域率先突破，忽视或没有足够重视文化的价值和作用。

京津冀三省市不仅地缘相接、人缘相亲，而且地域一体、文化一脉，历史渊源深厚，完全能够相互融合、协同发展。要建立京津冀地区历史文化遗产共同保护机制，实施京津冀地区历史文脉研究保护传承工程，联合开展长城、运河、

① 中共中央办公厅　国务院办公厅印发《关于实施中华优秀传统文化传承发展工程的意见》. http://www.gov.cn/zhengce/2017-01/25/content_5163472.htm，2017-01-25.

西山跨界重大文化遗产保护利用，联合打造非物质文化遗产物质空间和非物质文化遗产品牌。全面落实京津冀三地文化领域协同发展战略框架协议，建立京津冀地区基层文化服务合作平台，推动公共文化服务设施共建共享，发挥好区域文化联盟作用，多层面对接资源，组建京津冀演艺联盟，共推演艺合作，带动提升区域基本公共文化服务水平。完善京津冀地区文化产业合作机制，立足首都设计、研发、品牌等文化产业高端环节，以影视、演艺、动漫、出版等产业领域为着力点，加强产业链分工协作，开展区域内文化生产、文化交易和文化消费等领域深度合作，优化区域产业结构和空间布局，推动京津冀文化产业协作。加强区域内体育赛事活动和旅游等交流合作（图1-2）。

图1-2　京津冀"艺"体化

图片为作者拍摄

北京冬奥会是我国重要历史节点的重大标志性活动，是展现国家形象、促进国家发展、振奋民族精神的重要契机，对京津冀协同发展有着强有力的牵引作用：一是冬奥会将带动3亿人参与冰雪运动，带动体育产业、服务业、休闲旅游业的先行示范发展，形成（北）京张（家口）体育文化旅游带和世界冰雪旅游胜地；二是冬奥会将促进形成由航空、高速铁路、高速公路构成的区域一体化交通设施体系，如2019年完工的京张高铁，时速250千米，因冬奥会将时速提升至350千米，北京到张家口全程仅需50分钟，直接将张家口拉入首都"一小时经济圈"；三是冬奥会实现了京津冀地区发展理念向国际水平的整体提升，与正在实施的京津冀协同发展战略相互催化，有利于增强区域整体竞争力，推动京津冀世界旅游目的地建设。未来应把旅游业作为一项协同产业大力推进，通过以产品带产业、以品牌带市场，通过"旅游+"进一步释放旅游业协同效能，实现区域经济协同发展新格局。

三、有利于落实北京首都核心功能定位，建设世界城市，打造世界级城市群

文化中心是北京重要的城市功能定位。2014年习近平总书记就推进北京发展和管理工作提出了五点要求。其中一点就是明确城市战略定位，坚持和强化首都全国政治中心、文化中心、国际交往中心、科技创新中心的核心功能，深入实施人文北京、科技北京、绿色北京战略，努力把北京建设成为国际一流的和谐宜居之都[①]。《北京城市总体规划（2016—2035年）》中明确了这一战略定位。

文化中心是建设世界城市的基本内涵。1966年英国规划大师Peter Hall将世界城市定义为"政治权力中心、商业交易中心、金融服务中心、高端职业活动中心、信息交换和生产中心、奢侈品消费中心、艺术文化娱乐中心"。1998年联合国教育、科学及文化组织在《文化政策促进发展行动计划》中提出"文化的繁荣是发展的最高目标"。美国哈佛大学肯尼迪政治学院的约瑟夫·奈（Joseph Nye）提出软实力并将其看作能够影响他国意愿和行为的无形精神力，软实力包括文化的感染力、价值观的感召力、政治制度的吸引力、外交的说服力、国际威信与信誉力、领导人与国民形象的魅力等。对于一个城市来说，法律环境、公共服务、社会管理、公民意识、社会风尚等是构成城市软实力的重要内容。

文化影响力是指世界城市在全球经济系统和城市网络中发挥中枢和组织节点作用的核心功能。1998年韩国提出"文化立国"战略。2000年新加坡制定了"文艺复兴城市"的文化战略，提出把新加坡发展成为一个"充满动感与魅力的世界级艺术城市"，把建设国际文化中心城市作为其目标。2003年伦敦发布的《伦敦：文化资本，市长文化战略草案》提出，必须维护和增强伦敦作为"世界卓越的创新和文化中心"的文化发展战略，并使之成为世界级文化城市。世界城市无不具有独具吸引力的文化符号，如伦敦是充满选择机会的城市，巴黎是时装之都、文化艺术之都、浪漫之都，维也纳是音乐之乡，东京是东西文化交会之城，罗马是古典文化荟萃的城市。

北京与当今世界城市的文化发展仍存在一定差距。北京、伦敦、纽约、东京都是世界文化名城，拥有丰富的文化资源。北京不但具有3 000多年的建城史，而且长期是中国的政治、经济、文化中心，历史文化资源的沉淀量远比其他三个世界城市悠久，但是差距主要体现在对世界的影响力、文化的多元性、城市公共空间的个性和特征领域的宣传方面，如伦敦、纽约、东京都拥有众多具备世界影响力的传播媒介。

---

① 习近平在北京考察 就建设首善之区提五点要求. http://www.xinhuanet.com/politics/2014-02/26/c_119519301.htm[2014-02-06].

北京地域文化主要包括远古人类文化、都城文化、皇家文化、士大夫文化、军事文化、长城文化、漕运文化、建筑文化、京剧文化、地名文化等。根据北京师范大学艺术与传媒学院对全国在校大学生中外文化符号的调查，北京城市文化符号中可以向国外推广的最有价值的18项可以分为以下几类：第一类是历史或博物类文化符号，分别是京剧、长城、故宫、圆明园、颐和园、天坛、胡同文化；第二类是大众传媒或时尚类文化符号，分别是中国中央电视台（China Central Television，CCTV）、春节联欢晚会、《百家讲坛》和《同一首歌》；第三类是体育类文化符号，分别是北京奥运会、鸟巢、水立方；第四类是产业品牌类文化符号，分别是联想、同仁堂；第五类是高科技类文化符号，如神舟飞船；第六类是教育类文化符号，分别是北京大学、清华大学（王一川，2011）。其中，西山文化（圆明园、颐和园）、长城文化因最能体现北京地域文化特色而榜上有名。

四、有利于形成北京历史文化名城保护格局，高起点建设通州城市副中心，形成主副文化功能清晰、古今同辉的人文城市

《北京市"十三五"时期加强全国文化中心建设规划》提出，要处理好历史文化和现实生活、保护和利用的关系，做到城市保护和有机更新相衔接，形成"两轴、两核、三带、多点"的历史文化名城保护格局……展现古都北京的历史文化风貌和独特城市魅力，让中华文明的这张"金名片"焕发更加夺目的光彩，文物保护惠及更多人民群众。

"两轴"指进一步提升北京城市传统中轴线（南北轴线）和长安街沿线（东西轴线）在统领城市空间发展格局上的重要地位。

"两核"指进一步强化以老城、"三山五园"两大历史文化资源富集区为核心的文化名城建设。

"三带"指加强对北部长城文化带、东部运河文化带、西部西山文化带等跨区域历史文化资源的系统梳理和有机整合。

"多点"指发掘和弘扬其他具有北京地域文化特色的优秀历史文化遗产的价值，包括古城、古镇、古村落、考古遗址公园及其他重要文化景观、国家级代表性非物质文化遗产项目等。

建设北京城市副中心，是党中央的一项重要决策。规划、建设、管理要坚持高起点、高标准、高水平，落实世界眼光、国际标准、中国特色、高点定位的要求，不但要做好总体规划，还要加强主要功能区块、主要景观、主要建筑物的设计，体现城市精神、展现城市特色和提升城市魅力。

位于通州的城市副中心以行政办公、商务服务、文化旅游为主导功能，配套完善城市综合服务功能。北京城市副中心将形成"一带一轴多组团"的空间格局（图1-3）。

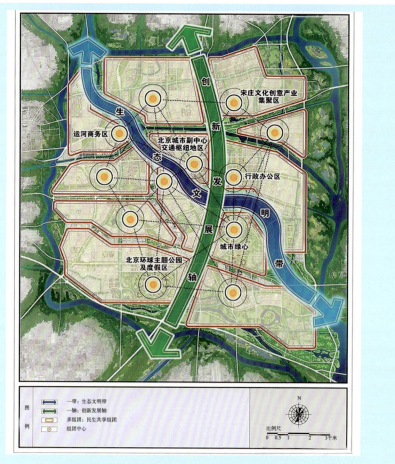

图1-3 北京城市副中心空间结构规划图
资料来源：北京市规划和自然资源委员会（2018）

  "一带"就是以大运河为骨架，形成一条蓝绿交织的生态文明带，规划建设潮白河国家公园等26个公园。通州多河富水，形成"北方水城"特色。为了做好水文章，通州下了大力气，将运河城市段的水面拓宽到200米，形成北方地区独特的城市景观。游人从城区码头上船可直达大运河森林公园，全程欣赏两岸景色。全面推进全国节水型城市、海绵城市、水生态文明城市、智慧水务先行区建设，着力形成"在循环中改善、在改善中循环，动静相宜"的水系景观，将做好水文章作为生态文明建设与和谐宜居新区建设的重要抓手和突破口。同时，副中心建设的另一个亮点就是文化传承，通过挖掘和传承大运河的历史文化，保护和恢复潞县古城、通州古城、张家湾古镇三个重要的历史文化遗迹，把副中心建成古今同辉的人文城市。北京城市副中心建设将与运河文化带打造紧密联系在一起，成为首都全国文化中心建设的重要组成部分。

第二节　三条文化带的范围

由于历史等原因，三条文化带有着不同的地域范围，涉及的市区也有所不同。但作为大型线性文化遗产，共同存在着跨越区域广泛、历史信息丰富、遗址遗迹密布、使用功能复杂、文化样式多元的特点（俞孔坚等，2009）。

一、运河文化带的范围

运河文化带由昌平至通州途经六区（东城、西城、海淀、朝阳、通州、昌平），高粱闸、什刹海等10处点、段被列为国家重点文物保护单位，通惠河北京旧城、通惠河通州段所含5处运河水工遗存，玉河故道、澄清上闸等被列为世界遗产点段。

作为大运河的北端和漕运终点，北京大运河共有两处河道和两处遗产点入选申遗名单（表1-3），分别是通惠河北京旧城段（包括什刹海和玉河故道）和通惠河通州段，以及西城区澄清上闸（万宁桥）和东城区澄清中闸（东不压桥）。通惠河由西向东流经通州，在通州与北运河交汇于通州北关闸，总长20余千米。

表1-3　北京大运河物质文化遗产名单

遗产类别			遗产名称	所处区	始建朝代	现状保护级别
水利工程遗产	河道	运河河道	通惠河（包括今通惠河与通州一段故道）	朝阳区、通州区	元	通州段为国保
			通惠河故道（今玉河故道）	东城区	元	国保
			白河（今北运河）	通州区	元	—
			坝河	朝阳区	元	—
		人工引河	南长河（今昆玉河北段与长河）	海淀区	元	—
	水源	泉	白浮泉（含九龙池与都龙王庙）	昌平区	元	国保
			玉泉山诸泉	海淀区	金	玉泉山为国保
		湖泊	瓮山泊（今颐和园昆明湖）	海淀区	元	颐和园为国保，世界文化遗产
			积水潭（今什刹海）	西城区	元	国保
	水利工程设施	闸	广源闸（包括万寿寺龙王庙）	海淀区	元	国保（万寿寺龙王庙为区保）
			万宁桥（包括澄清上闸遗址）	西城区	元	市保（澄清上闸为国保）
			东不压桥遗址	东城区	元	区保（澄清中闸为国保）

续表

遗产类别			遗产名称	所处区	始建朝代	现状保护级别
水利工程遗产	水利工程设施	闸	庆丰上闸遗址	朝阳区	元	—
			平津上闸遗址	朝阳区	元	国保
			颐和园昆明湖绣漪闸	海淀区	清	国保
			高粱（闸）桥	海淀区	元	国保
	航运工程设施	桥梁	德胜桥	西城区	明	区保
			银锭桥	西城区	明	区保
			永通桥（包括御制通州石道碑）	通州区	明	国保（与石道碑一起公布）
			通济桥遗址	通州区	明	—
			广利桥（包括镇水兽）	通州区	明	区保
			通运桥	通州区	明	国保（与张家湾城墙一起公布）
			张家湾东门桥	通州区	明	—
			张家湾虹桥	通州区	明	—
		码头	张家湾码头遗址	通州区	辽	—
			里二泗码头遗址	通州区	元	—
	古代运河设施和管理机构遗存	仓库	北新仓	东城区	明	市保
			南新仓	东城区	明	国保
			禄米仓	东城区	明	市保
			通州大运中仓遗址	通州区	明	仓墙为区保
			通州西仓遗址	通州区	明	—
其他运河物质文化遗产	古遗址		神木厂址（包括神木谣碑）	朝阳区	明	—
			通州城北垣遗址	通州区	元、明	区保
			张家湾城墙遗迹	通州区	明	国保
			皇木厂遗址（包括古槐）	通州区	明	古槐为区保
			花板石厂遗址（包括遗石若干）	通州区	明	—
			上、下盐厂遗址（包括下盐厂石权）	通州区	明	—
	古建筑		玉河庵（包括玉河庵碑额）	东城区	清	区保
			燃灯佛舍利塔	通州区	北周	市保
	石刻		王德常去思碑	东城区	元	

注：国保指全国重点文物保护单位，市保指北京市级文物保护单位，区保指北京区级文物保护单位

1. 什刹海

位于北京城区内，包括前海、后海、西海三个自西北向东南连续排列的弓形湖泊。元代时，什刹海作为大运河的北方终点，是北京城内重要的漕运码头，属于利用湖泊建成的水库港。什刹海又名积水潭，积水潭码头当时"舳舻蔽水"，来自全国的物资商货集散于此，使得码头东北岸边的斜街和钟楼一带成为元大都城中最繁华的闹市。元朝灭亡后的一个世纪内，什刹海码头被废，水面不断缩小。

自明代起，什刹海失去了运输和码头的功能，转化成文人游赏的景区，水域面积不断缩小，逐渐形成三个湖泊。现在的什刹海是北京中心城区的一个景观湖泊，水域面积34公顷。

2. 通惠河通州段

通惠河通州段是大运河最北方的河段，是通惠河与北运河交接的重要河段。通惠河通州段始建于公元13世纪末（元代初期），河段西起永通桥，向东至北关闸汇入北运河，长约5千米，在元代至明初约2个世纪的时期内，是漕船经由通州向北京漕运的主要通道。

3. 澄清上闸（万宁桥）

万宁桥在地安门以北，始建于1285年，开始为木桥，后改为石桥，是通惠河进入什刹海的门户，所有进入海子的漕运船只都要从万宁桥下通过。它在保证元大都粮食供应方面发挥过巨大作用。澄清上闸大体分为闸门、闸墙、闸基三个部分，现存除木质闸板已糟朽外，闸墙和闸基依然坚固，保留完好。澄清上闸已废弃不用，闸体东侧的万宁桥仍作为交通桥使用（图1-4）。

图1-4　元代建造的万宁桥

资料来源：周玲（2017）

4. 澄清中闸（东不压桥）

澄清中闸是漕船行至运河终点码头什刹海的必经之路，为通惠河北段河道上的重要水利工程设施。随着明皇城墙外扩，玉河故道逐渐失去行船功能，澄清中闸被废弃，现仅存闸口遗迹。作为遗址类河道，通惠河故道（今玉河故道）部分河段被盖在城市道路与建筑之下，线位难以确定。澄清中闸南部为东不压桥，始建于元代以前，现为遗址状态。

二、长城文化带的范围

北京市域内的长城主要为明代修建，呈半环状分布在北部山区，从东到西横跨平谷、密云、怀柔、延庆、昌平、门头沟6个区。据不完全统计，北京市域内长城长约629千米，保存较好和存有遗址的约537千米，已开放景点有八达岭、慕田峪、司马台、居庸关4处。

（1）平谷段长城。为明代长城，属明代时冀镇长城的一部分，位于平谷区域的东北部，自东南向西北走向，全长约57千米。

（2）密云段长城。现存明长城城堡59座，已开发完成的长城仅有3千米长的司马台长城一段。

（3）怀柔段长城。总长65 367米，西接昌平的居庸关，东连密云的古北口，自古以来就是拱卫北京的军事要冲，被称为"危岭雄关"，为明代修筑，是全国明代长城遗迹中保存最好的地段之一。

（4）昌平段长城。现已开放的长城旅游景区为居庸关长城，建筑在一条长达15千米的山谷中间，早在金代就被列为燕京八景之一。

（5）延庆段长城。总长148千米，其中已开发段全长4 738米。穿越延庆境内的明复线长城占北京地区明长城长度的33%，且分布较为复杂，形式多样。

（6）门头沟段长城。现存的长城墙体10段，约长4 289米，相关附属建筑有斋堂城东城门、沿河城2个关堡和2个烽火台、6段挡马墙和5个砖瓦窑遗址。

三、 西山文化带的范围

西山通常分为大西山和小西山。大西山是北京西部山地的总称，属于太行山脉。小西山是西山向北京平原的前出部分，主要位于海淀区和石景山区，是以"三山五园"、八大处为核心的文化遗产聚集区，皇家园林遗产和宗教文化资源丰富。

（1）"三山五园"。"三山五园"是北京西郊一带皇家行宫苑囿的总称，按照目前公认的说法，"三山"指香山、万寿山、玉泉山，三座山上分别建有清漪园（颐和园）、静宜园、静明园，此外还有附近的畅春园和圆明园，统称"五园"。"三山五园"始建于康熙时期，兴盛于乾隆时期，大多在1860年第二次鸦片战争中被焚毁。

（2）八大处。位于西山山麓，由翠微山、虎头山、卢师山环抱，始建于隋唐至明清时期，因山中保存有八座古刹（长安寺、灵光寺、三山庵、大悲寺、龙泉庵、香界寺、宝珠洞、证果寺）而得名，是一座历史悠久、风水宜人的山地佛教寺庙园林。

从北京打造三条文化带的初衷和国家战略要求来看，我们建议使用大西山的范围。也就是说，除了"三山五园"和八大处外，还应包括永定河沿河地区及大房山地区。通过西山文化带建设，带动河北相关县市协同发展。

需要特别强调的是，房山区作为雄安新区文化走廊建设值得关注。雄安新区规划涉及河北雄县、容城、安新3县以及任丘市的鄚州镇、苟各庄镇、七间房乡和高阳县龙化乡，地处北京、天津、保定腹地，是党中央推进京津冀协同发展的又一项重大决策，对集中疏解北京非首都功能，探索人口经济密集地区优化开发新模式，调整优化京津冀城市布局和空间结构，培育创新驱动发展新引擎具有重大意义，而西山文化带最南端的房山区沿太行山东麓南行是距离雄安新区最近的区县。房山作为北京文化大区，是"北京人"的发祥地，有"龙的故乡"之称，同时还是北京城之源——西周燕都遗址，北方重要帝王陵—金陵之地；房山区有北京皇宫修建最集中用料之地—大石窝，有北京地区种类最多的古塔，以及震撼世界的云居寺石刻经文等重要文化遗产。在京津冀协同发展中，房山已经成为北京市与雄安新区联系最近的通道，沿京石高速经涿州、定兴即可到容城、安新、雄县。房山区要借助这种区位优势，重点加强交通网络建设，将房山历史文化、文物景点串联起来，成为北京沿着太行山东麓南下新兴城市群建设的文化走廊。根据第三次全国文物普查成果，雄安新区及周边部分区域（不含任丘市）共登记不可移动文物189处，其中遗址类遗存超过80%，时间跨度从约8 000年前的新石器时代到1 000年前的宋辽时期遗址均广泛分布。由此，河北省文物局着手构建雄安新区博物馆体系，在历史维度上重点突出5 000年前的史前文明、2 500年前的燕国文化、1 000年前的宋辽边关文化、近代的红色文化，并有选择地建设专题博物馆、主题遗址公园。房山区不仅有8 000年左右的镇江营新石器遗址，3 000多年的西周燕都遗址博物馆，1 000年前的宋辽文化遗址，如昊天塔、燎石岗，以及宋朝名将孟良、焦赞的传说等，还有抗战纪念馆、霞云岭红色文化纪念地等，物质的、非物质的文化遗存很多，完全可以衔接雄安新区的文化建设，建设北京—雄安新区的文化廊道。

第三节　保护条件评价

北京市人民政府高度重视文化带遗产保护利用工作（孔繁峙，2011）。限于篇幅，本节仅以运河文化带为案例进行重点阐述。

一、开展基础调查工作

北京市文物局组织北京市文物研究所成立大运河专项调查工作组，对大运河北京段遗产点进行了梳理，确认了北京段近40处大运河遗产，相关工作成果纳入《大运河遗产保护规划（北京段）》。完成全国重点文物保护单位标志、大运河遗产区界桩、大运河河道遗产说明牌等安装工作，大运河遗产管理和展示体系初步建立。

在对大运河沿线遗产进行调查的基础上，制订了相关文物保护修缮计划，加大经费投入力度，逐步对大运河及沿线的文物古迹进行保护修复。西城区的万宁桥，东城区的东不压桥遗址、南新仓，朝阳区的永通桥，通州区的燃灯佛舍利塔和通运桥等均进行了不同程度的保护和修缮加固，遗产的保护状况明显改善。

二、编制遗产保护规划

组织北京市城市规划设计研究院、北京市古代建筑设计研究所、北京市文物研究所等专业研究单位，根据大运河遗产点调查遴选情况，对遗产价值进行评估。结合北京市运河遗产实际情况，编制了《大运河遗产保护规划（北京段）》，以科学指导大运河保护和管理工作。规划报国家文物局、北京市人民政府同意后，2012年正式公布。

三、推进周边环境治理

北京市各有关区及规划、水务等部门按照申遗工作要求，进一步加大了大运河遗产保护的力度，积极推进大运河遗产的环境整治和保护展示工程。昌平区的白浮泉、海淀区的长河、西城区的什刹海、东城区的玉河北区、朝阳区的通惠河、通州区的北运河等均开展了环境整治工作，建成了玉河故道、东便门庆丰公园、大运河森林公园等运河沿岸文化公园，使大运河遗产保护状况和环境风貌得到明显改善，运河文化遗产与生态环境改善、运河沿岸民生紧密结合。

四、加强河道整治保护

北京市水务部门治污溯源，联合环保、城管和属地政府排查污水来源，推动上下游、左右岸、干支流协同治理，推进流域水系连通和水资源循环利用。加快配套管网建设，建立倒逼机制，治理污水全收集处理。加大社会参与力度，研究社会参与截污治污工作机制，实现资源高效利用和政企共赢。加强河道水环境监督管理，建立河道水环境月检查、月考核、月通报制度，河道管理单位引入保洁项目监理制，层层落实监督管理责任，河湖环境质量明显提高。

综合来看，运河文化带的保护工作是富有成效的，为推进运河文化带建设奠定了扎实基础。例如，2010年通州区大运河森林公园正式落成，完成了10千米的环境整治，修建了运河文化广场、漕运码头和大光楼等沿河景观。针对运河文化遗产分布进行全面清理，逐点修缮保护。

在长城文化带的保护上，根据北京市测绘设计研究院提供的调查结果，北京境内长城保存较好的仅有54.3千米，保存一般的有110.7千米，保存较差的有95.6千米，保存差的（仅能勉强分辨遗迹）的有103.4千米，已经毁灭消失的有162.7千米。综合来看，除个别景点保存状况较好外，大部分长城的保存状况堪忧，这一方面是水土流失和风雨侵蚀等自然因素造成的；另一方面也与旅游开发、建设取材等人为因素有关，必须通过长城文化带建设，提高长城的保护状况和可持续利用水平。

在西山文化带的保护上，区域内文物的管理使用情况比较复杂，各级各类文物的产权单位和管理使用单位既有市区所属机关、企事业单位，又有中央机关、部队、村集体和个人。由于产权分散，缺少统一管理、统一规划，许多文物保护单位没有得到有效的保护利用，有些文物建筑年久失修。"十三五"以来，市区政府和旅游、交通、市政、文物等部门对这一区域的投入力度不断加大，但由于缺少有效沟通和整体规划，各方面的工作被行政区划分割，无法达成整体性保护利用，难以发挥最大效益。

第四节　发展条件评价

一、自然地理条件

北京位于华北平原西北缘，毗邻渤海湾，西部是太行山山脉，北部是燕山山脉，两山在昌平区南口镇关沟相交，形成一个向东南展开的半圆形山湾，人称北京湾，它所围绕的平原即北京平原。

北京分布着大小河流200余条，分属于海河流域的五大水系，自西向东分别为大清河、永定河、北运河、潮白河、蓟运河，这些河流总的流向是自西北向东南。其中，运河文化带依托的主要河流是通惠河，在通州与温榆河汇合后始称北运河，再汇入海河后注入渤海。

二、水量水质条件

北京市的水系特征决定了当地自产水量较少、水质易受上游地区影响。五大水系中，潮白河发源于河北省，永定河、大清河发源于山西省，来水量的保证率越来越低。全市年平均产水量为15.47万米³/千米²）仅相当于全国均值的57%。山区60%的流域面积得到控制，西部山区和北部山区的山前地带尚未控制，汛期以洪水形式流出水量占65%~75%，其余时间多从北运河水系以污水形式外泄。

北京市区内清河、坝河、通惠河、凉水河4条主要排水河道、30多条支流和20多个湖泊担负着城市供水、排水的作用。4条主要排水河道全部按照防洪规划进行了疏挖整治，达到50年防洪标准。其中，通惠河高碑店闸以上河道防洪标准是20年一遇设计，高碑店闸以下至北运河入口段河道防洪标准是20年一遇设计，50年一遇校核。在北京市监测的80条河段中，受污染的河段51条，长度1 100千米，占监测河流长度的50.8%，其中重度污染11段，占监测河流长度的10.1%，严重污染21条段，占监测河流长度的16.6%。水体污染主要集中于城郊区。

根据2014年朝阳区水务局和北京林业大学在代表性站点的抽样化验，所有参与评价的地表水体水质综合评价均为劣Ⅴ类，水体污染严重，有机污染是主要的水环境污染问题（表1-4）。

表1-4　2014年朝阳区河湖状况综合水质评价类别

河流水系	代表站点	水质评价结果				超标项目
		全年	最大值	汛期	非汛期	
坝河	酒仙桥闸	Ⅴ	Ⅴ	Ⅴ	Ⅴ	氨氮、总磷、粪大肠菌群、阴离子表面活性剂
	沙窝闸	Ⅴ	Ⅴ	Ⅴ	Ⅴ	氨氮、总磷、化学需氧量、五日生化需氧量、粪大肠菌群、阴离子表面活性剂
北小河	白桥闸	Ⅴ	Ⅴ	Ⅴ	Ⅴ	氨氮、总磷、阴离子表面活性剂
亮马河	亮马桥	Ⅴ	Ⅴ	Ⅴ	Ⅴ	氨氮、总磷
通惠河	乐家花园	Ⅴ	Ⅴ	Ⅴ	Ⅴ	氨氮、总氮、总磷、化学需氧量、五日生化需氧量、阴离子表面活性剂
	普济闸	Ⅴ	Ⅴ	Ⅴ	Ⅴ	氨氮、总磷、化学需氧量、粪大肠菌群、阴离子表面活性剂
清河	羊坊闸	Ⅴ	Ⅴ	Ⅴ	Ⅴ	总氮、氨氮、总磷、高锰酸盐、化学需氧量、五日生化需氧量、阴离子表面活性剂
温榆河	辛堡闸	Ⅴ	Ⅴ	Ⅴ	Ⅴ	高锰酸盐指数、氨氮、总磷、总氮、化学需氧量、五日生化需氧量、阴离子表面活性剂

续表

河流水系	代表站点	水质评价结果				超标项目
		全年	最大值	汛期	非汛期	
温榆河	苇沟闸	Ⅴ	Ⅴ	Ⅴ	Ⅴ	氨氮、总磷、总氮、化学需氧量、五日生化需氧量、粪大肠菌群、阴离子表面活性剂
奥运湖		Ⅴ	Ⅴ	Ⅴ	Ⅴ	—
朝阳公园湖		Ⅴ	Ⅴ	Ⅴ	Ⅴ	—
红领巾湖		Ⅴ	Ⅴ	Ⅴ	Ⅴ	—
高碑店湖		Ⅴ	Ⅴ	Ⅴ	Ⅴ	—

注：灰色部分是与运河文化带建设相关的河流
资料来源：王成志等（2016）

对于河流来说，化学需氧量、五日生化需氧量、氨氮、总磷、总氮、粪大肠菌群、阴离子表面活性剂是主要的污染物。湖泊由于主要是由再生水补水，污染物主要是总氮。地表水氰化物、砷、汞、酚、镉、铅、氟化物、六价铬等指标良好，水体类别均达到Ⅰ～Ⅲ类水体水质标准；高锰酸盐指标则基本达到朝阳区水体功能规划类别；而五日生化需氧量、氨氮、总磷、阴离子表面活性剂指标严重超标，普遍属于Ⅴ类或劣Ⅴ类水质。坝河2个监测站粪大肠菌群指标严重超标，其中沙窝闸超标倍数达到78.7倍。各河流总氮指标普遍较高，年均值在14.2~40.0毫克/升。由于朝阳区主要受有机物污染，耗氧较严重，所以各主要水体的溶解氧水质指标情况除通惠河上游非汛期较好外，普遍较差，超标严重。

三、土地利用条件

根据2014年全国土地变更调查资料，北京市土地面积1 641 054公顷。其中，农用地所占面积最大，且农用地以林地和耕地为主，林地占全市土地总面积的44.96%，耕地面积仅占全市土地总面积的13.41%，可耕种的面积并不大；建设用地以城镇村及工矿仓储用地为主，占土地总面积的18.46%，水域及水利设施用地次之；其他土地面积不多，仅占2.10%，可利用的土地面积较少。

为了分析人类活动与运河文化带周边自然环境的相互作用关系和作用强度，我们以北京市2014年土地利用数据为基础，以坝河、通惠河和北运河为对象，以运河两岸500米范围为缓冲区，在ArcGIS 10.2平台上进行了空间分析。

总体上看，通惠河、北运河、坝河三条河流土地利用类型中比重最高的分别是耕地、林地、住宅用地、交通运输用地、水域及水利设施用地。由于三条河流流经地域不同，在土地利用类型上又存在较大差异。其中，通惠河由于流经中心城区，比重最高的土地利用类型是住宅用地和交通运输用地，分别各占25.82%，其次是工矿仓储用地（14.55%）和商服用地（9.43%），林地只占1.23%。北运河由于主要流经郊区，土地利用类型以水域及水利设施用地（23.56%）、耕地（21.77%）、林地（18.54%）为主，商服用地和工矿仓储用地分别仅占1.20%和5.14%（表1-5）。

表1-5　坝河、通惠河、北运河两侧500米内各类用地面积及比例

土地利用类型	坝河		通惠河		北运河	
	面积/平方千米	比例	面积/平方千米	比例	面积/平方千米	比例
耕地	3.72	17.35%	0.28	1.43%	7.28	21.77%
园地	0.40	1.87%	0	0	2.84	8.49%
林地	2.48	11.57%	0.24	1.23%	6.20	18.54%
草地	0	0	0	0	0	0
商服用地	1.32	6.16%	1.84	9.43%	0.40	1.20%
工矿仓储用地	1.92	8.96%	2.84	14.55%	1.72	5.14%
住宅用地	3.52	16.42%	5.04	25.82%	2.28	6.82%
公共管理与公共服务用地	2.04	9.51%	1.60	8.20%	2.04	6.10%
特殊用地	0.12	0.56%	0.20	1.02%	0	0
交通运输用地	2.20	10.26%	5.04	25.82%	2.00	5.98%
水域及水利设施用地	2.48	11.57%	1.52	7.79%	7.88	23.56%
其他土地	1.24	5.78%	0.92	4.71%	0.80	2.39%
合计	21.44	100%	19.52	100%	33.44	100%

注：表中数据进行了舍入修约，相加可能并不等于100%

四、人口集聚条件

北京市人口集中分布在六环以内。2010年六环内常住人口占全市总人口的75.97%，较2000年上升了4.1个百分点，说明北京市人口分布呈现出在六环内集聚的趋势（吕晨等，2017）。2010年常住人口标准离差椭圆旋转角为64.36°，2000年为62.97°，说明人口空间分布的主要方向为东北—西南方向，且格局没有大的变动。

北京市人口密度分布规律为自中心城区向外，随着环线增加而人口密度逐步降低。2010年北京市人口密度在三环内达2万人/千米²，三环至四环达1.6万人/千米²，四环至五环为9 590人/千米²，五环至六环为3 228人/千米²，六环外区域人口密度仅为336人/千米²。在环线内部，各区域人口密度也存在较大差距。三环内人口密度最大的乡镇是密度最小乡镇的10倍。在六环外，常住人口密度最大的乡镇达2万人/千米²，最小的乡镇仅为16人/千米²。

北京市人口密度与河网密度呈负相关关系，相关系数为−0.104（p=0.1，表1-6）。2010年，在没有河流经过的40个乡镇、街道，常住人口密度为4 228人/千米²，是河网密度0~1%地区常住人口密度的4.94倍。河网密度1%~3%的乡镇、街道人口密度高于河网密度0~1%的乡镇和街道，同时低于河网密度3%~5%的乡镇、街道。全市86.28%的常住人口居住在河网密度3%以下的地区。10年间河网密度1%以上的地区吸引了更多的人口，体现了人类亲水而居的特性。由于人口主要集中在河网附近，人地矛盾突出，给未来打造运河文化带，特别是运河文化带两岸保护区建设带来很大困难。

表1-6 2000年、2010年北京市人口密度与河网密度分区的空间耦合关系

统计项		河网密度				
		0	0~1%	1%~3%	3%~5%	>5%
常住人口比例	2010年	11.7%	41.2%	33.3%	8.1%	4.7%
	2000年	14.5%	41.2%	32.8%	7.2%	4.3%
面积比例		3.3%	56.9%	31.8%	5.0%	3.0%

五、经济发展条件

2015年北京市实现GDP 2.3万亿元，按可比价格计算，同比增长6.9%。人均GDP达10.6万元，按年平均汇率计算折合1.7万美元。根据国际经验，人均GDP达到5 000美元，居民对精神文化的需求会呈现旺盛的趋势，北京的文化消费已经进入快速增长期。

文化创意产业是与三条文化带建设密切相关的产业类型，2011年运河文化带途经六区（东城、西城、朝阳、海淀、昌平、通州）占北京市文化创意产业从业人员平均人数、收入、利润总额、应缴税金的85%以上（表1-7）。

表1-7 2011年北京市各区县规模以上文化创意产业情况

区县	从业人员平均人数		收入合计		利润总额		应缴税金	
	绝对值/人	比重	绝对值/万元	比重	绝对值/万元	比重	绝对值/万元	比重
东城区	80 977	8.48%	10 484 460	12.93%	707 544	10.62%	486 060	11.96%
西城区	87 237	9.14%	6 766 704	8.35%	684 928	10.28%	266 768	6.57%
朝阳区	194 782	20.40%	19 558 588	24.12%	956 190	14.35%	760 760	18.72%
丰台区	32 327	3.39%	2 612 588	3.22%	249 069	3.74%	147 035	3.62%
石景山区	23 051	2.41%	2 052 185	2.53%	295 101	4.43%	107 449	2.64%

续表

区县	从业人员平均人数		收入合计		利润总额		应缴税金	
	绝对值/人	比重	绝对值/万元	比重	绝对值/万元	比重	绝对值/万元	比重
海淀区	435 118	45.57%	33 388 875	41.18%	3 428 530	51.47%	2 032 176	50.01%
房山区	8 560	0.90%	1 567 637	1.93%	9 516	0.14%	30 066	0.74%
通州区	16 974	1.78%	926 174	1.14%	24 054	0.36%	29 663	0.73%
顺义区	12 114	1.27%	762 270	0.94%	78 845	1.18%	42 951	1.06%
昌平区	19 706	2.06%	893 385	1.10%	102 041	1.53%	54 421	1.34%
大兴区	10 971	1.15%	444 469	0.55%	17 719	0.27%	18675	0.46%
北京经济技术开发区	18 456	1.93%	1 065 863	1.31%	81 344	1.22%	62 164	1.53%
门头沟区	1 117	0.12%	79 530	0.10%	1 680	0.03%	2 455	0.06%
怀柔区	4 358	0.46%	132 569	0.16%	−1 290	−0.02%	5 122	0.13%
平谷区	2 479	0.26%	94 863	0.12%	10 802	0.16%	6 286	0.16%
密云县	3 506	0.37%	138 541	0.17%	11 255	0.17%	7 071	0.17%
延庆县	3 196	0.33%	117 079	0.14%	4 235	0.06%	4 382	0.11%
全市	954 929	100%	81 085 780	100%	6 661 563	100%	4 063 504	100%

注：规模以上文化创意产业统计范围是指年主营业务收入500万元及以上的文化创意产业法人单位。其中，批发企业和工业企业年主营业务收入在2 000万元及以上；表中数据进行了舍入修约，相加可能并不等于100%

北京市有30个文化创意产业集聚区。其中，朝阳区8个，海淀区3个，东城区2个，西城区2个，通州区2个，昌平区1个（表1-8）。

表1-8　北京市各区县文化创意产业集聚区类型及类别

区县	类型	集聚名称	功能区	类别
东城区	数字娱乐	中关村科技园区雍和园	核心区	第一批
	文化旅游	前门传统文化产业集聚区		第二批
西城区	设计艺术	北京DRC工业设计创意产业基地		第一批
		琉璃厂历史文化创意园区		第二批
朝阳区	设计艺术	北京798艺术区	拓展区	第一批
		北京潘家园古玩艺术品交易园区		第一批
		北京时尚设计广场		第二批
	文化旅游	北京欢乐谷生态文化园		第二批
		北京奥林匹克公园		第三批
	音乐产业	北京音乐创意产业园		第四批
	影视传媒	北京CBD国际传媒产业集聚区		第二批

区县	类型	集聚名称	功能区	类别
朝阳区	影视传媒	惠通时代广场	拓展区	第二批
海淀区	高新科技	清华科技园		第二批
	数字娱乐	中关村软件园		第一批
		中关村创意产业先导基地		第一批
丰台区	服装产业	北京大红门服装服饰创意产业集聚区		第二批
	文化旅游	卢沟桥文化创意产业集聚区		第四批
石景山区	数字娱乐	北京数字娱乐产业示范基地		第一批
		首钢二通厂中国动漫游戏城		第三批
通州区	设计艺术	宋庄原创艺术与卡通产业集聚区	发展新区	第一批
	影视传媒	北京出版发行物流中心		第二批
顺义区	会展业	顺义国展产业园		第二批
大兴区	影视传媒	国家新媒体产业基地		第一批
昌平区	文化旅游	十三陵明文化创意产业集聚区		第四批
房山区	文化旅游	北京（房山）历史文化旅游集聚区		第二批
怀柔区	影视传媒	中国（怀柔）影视基地	生态涵养区	第一批
门头沟区	文化旅游	斋堂古村落古道文化旅游产业集聚区		第四批
密云区	文化旅游	北京古北口国际旅游休闲谷产业集聚区		第四批
平谷区	音乐产业	中国乐谷——首都音乐文化创意产业集聚区		第四批
延庆区	文化旅游	八达岭长城文化旅游产业集聚区		第四批

从企业的分布情况看，运河文化带由于流经北京市经济密集地区，遗产保护、文化发展、经济集聚的矛盾在空间上表现得比较突出。

六、区域合作条件

沿线城市跨区域合作已经起步。大运河通州—香河—武清段总长120多千米，三地均有部分河道没有治理。根据2014年三地签订的框架协议，2020年实现客货运通航，河湖水质将明显改善。

各区实现文化的错位发展。在《北京市"十三五"时期加强全国文化中心建设规划》的指引下，各区明确了文化建设的方向。东城区提出做强"文化东城"品牌，西城区提出加强"四个西城"建设，朝阳区加快建设国家文化产业创新实验区，海淀区保护和利用好"三山五园"地区历史文脉，丰台区发展戏曲文化，石景山区打造数字娱乐产业集群，房山区发展祖源文化，通州区挖掘开发运河文化，顺义区培育会展品牌，昌平区建设未来文化城，大兴区建设"中国设计瑰谷"，平谷区建设"中国乐谷"，怀柔区发展影视文化，延庆区发展冰雪文化，门头沟区和密云区借助良好生态环境及丰富的文物资源发展文化旅游休闲，北京经济技术开发区建设"文化智谷"。

综合以上分析，我们认为，从自然地理条件分析，运河文化带位于平原地区，西山文化带和长城文化带位于山地丘陵地区，相对于山地，平原地区在交通可达性和开发的经济成本等方面具有优势。从水土资源条件分析，运河文化带流经平原地区，特别是中心城区的部分土地供给紧张，水质有所恶化，文化遗产保护、环境治理与城市生活和生产功能之间的矛盾比较突出。西山文化带和长城文化带的水土资源供给与经济社会发展的矛盾相对较少，其中西山文化带核心景区与周边环境的矛盾是比较突出的，要引起高度重视。从人口和经济条件分析，西山文化带和长城文化带主要位于人口和经济分布相对稀疏的地区，保护开发与人口、经济的矛盾相对较小，运河文化带则较大。从体制机制条件分析，三条文化带都面临着体制机制问题，比较而言，西山文化带面临的体制机制障碍更突出。从区域合作条件分析，运河文化带已经与天津、河北的市县区展开实质性合作，起步较早，西山文化带和长城文化带的区域合作尚在探索之中。因此，初步判断三条文化带在培育的难易程度上（从易到难）依次为运河文化带、西山文化带、长城文化带。

第二章　文化本质与内涵解析

　　要阐释清楚三条文化带的文化本质与内涵，首先要弄清楚什么是文化。从文献记载看，早在两千多年以前的《周易·贲卦》就有这样的论述："观乎天文，以察时变；观乎人文，以化成天下。"意思是统治者通过观察天象，可以了解四季的变化；通过观察人类社会，可以用教化治理天下。这大概就是中国人论述"文化"的开始。

　　目前，学术界把"文化"分为狭义和广义两种。狭义的文化解释为"文化就是在历史上一定的物质资料生产方式的基础上发生和发展的社会精神生活形式的总和"（罗森塔尔，1973）。广义的文化涵盖面非常广泛，又被称为"大文化"。《梁启超论中国文化史》中称，"文化者，人类心能所开积出来之有价值的共业也"，这里的"共业"包括众多领域，如认识的（语言、哲学、科学、教育）、规范的（道德、法律、信仰）、艺术的（文学、美学、音乐、舞蹈、戏剧）、器用的（生产、生活工具）、社会的（制度、组织、风俗习惯）等（梁启超，2012）。张岱年与方克立主编的《中国文化概论（修订版）》中指出，文化的实质性含义是"人化"或"人类化"，是人类主体通过社会实践活动，适应、利用、改造自然界客体而逐步实现自身价值的过程（张岱年和方克立，2004）。

第一节　文化带的概念

　　文化带在现有文献中没有明确定义，根据经济带和产业带的相关概念，文化带可以被认为是文化遗产、文化产业、文化项目等要素沿河流、公路等轴线在地域空间上的集聚体。

　　2005年10月，国际古迹遗址理事会（International Council on Monuments and Sites，ICOMOS）在西安召开了第15届大会，通过了《西安宣言》。《西安宣

言》提出，要认识环境对历史建筑、古遗址和历史地区重要性的贡献。并将历史建筑、古遗址和历史地区的环境界定为直接的和拓展的环境，即作为或构成其重要性和独特性的组成部分。除实体和视觉方面的含义外，环境还包括与自然环境之间的相互作用；所有过去和现在的人类社会和精神实践、习俗、传统知识等非物质文化遗产方面的利用或活动，以及其他非物质文化遗产形式，它们创造并形成了环境空间以及当前的、动态的文化和社会经济背景。这可以看作古遗迹保护的最新理念，也就是说，不仅要保护遗迹本身，而且要保护与之相关的环境（宫辉力，2018）。

对于大运河、长城等文化遗产线路，国际学术界高度重视，提出了不少理论。世界遗产委员会（World Heritage Committee，WHC）提出了"文化遗产线路"的概念，《保护世界文化和自然遗产公约》的实施文件《行动指南》中指出，文化遗产线路代表了人们的迁移和流动，代表了一定时间内国家和地区之间人们的交往，代表了多维度的商品、思想、知识、价值的互惠和持续不断的交流。文化遗产线路是一种全新的遗产保护理念，它着眼于线性区域，所涉及遗产元素多样，并且与沿线一定区域内的生态环境、社会经济等结合紧密，与沿线民众的生产生活有着密切的联系（CIIC，1999）。不同于单一内容的文化遗产，这类文化遗产包含各类丰富的文化遗产，学术界用"系列遗产"（serial heritage）的概念来描述这类文化遗产。《实施〈世界遗产公约〉操作指南》对"系列遗产"有专门定义，在第137节中将其定义为：如果一些离散的遗产单体属于同一类型历史——文化群体，同时具有相同的地理地域特征；具有相同的地质、地貌构成，相同的生物地理亚区或相同的生态系统类型；并且这些遗产单体均具有"突出的普遍性价值"，那么，它们可以合而为一，成为世界遗产中的"系列遗产"（CIIC，1999）。

文化带的概念充分吸取了《西安宣言》中关于注重古遗迹周边环境的保护，以及世界遗产委员会关于"文化遗产线路"和"系列遗产"的理念，形成了既利于保护文化遗产，又能很好地处理文化遗产与现实发展的需求的理念，可以看作文化遗产领域的最新理念的实践和运用，是值得肯定和推广的（宫辉力，2018）。

第二节　运河文化带的文化本质

大运河是中国东部平原上的伟大工程，是世界上开凿历史最早、规模最大的运河，包括隋唐大运河、京杭大运河、浙东大运河三部分。大运河贯穿中国南北，联通海河、黄河、淮河、长江、钱塘江自然水系，涉及北京、天津、河北、山东、江苏、浙江、河南、安徽8个省市的27个城市，大运河的开通，极大地弥补了天然河道的不足，缩短了河流水系之间的距离，促进了流域文明的交汇和融合，促进了国家的繁荣和统一，是国家大一统的政治凝聚与文化沟通的桥梁和纽带。

一、文化本质解析

大运河在历史上成为沟通多个文化地带的最繁忙的文化交流路线，融会贯通着沿线不同地域建筑、文学、大众文化、沿途习俗、仪式、衣食住行、生活方式和价值观，因此大运河文化体现了包容性、统一性、扩散性、开放性、凝聚性、向心性，在沟通物质交换的同时，大大削弱了地域文化的不平衡，把中原文化、燕赵文化、齐鲁文化、江南文化，甚至是东南文化、岭南文化等几乎全部错综融汇于中国传统文明的悠久时空中（顾风等，2008）。

（一）大运河将南北方经济联系成为一个统一体

早在春秋战国时期，诸侯国林立，各国间战争频繁，互相攻伐，而又互相交往。由于军事征伐和政治、经济交流的需要，为了弥补我国北方大部分天然河流都是东西流向的限制，于是出现了主要沟通南北方的人工运河。为什么我国运河最早出现在（黄）河淮（河）之间，如春秋时代楚国的扬水、吴国的邗沟和战国时代魏国的鸿沟？因为这里是我国南北方经济和文化的过渡区，由此反映出人们很早就有沟通南北方的需求和意图（宫辉力，2018）。

西晋以前，我国北方的经济发展水平一直远远高于南方。从三国时期（220~280年）开始，随着北方战乱的频繁加剧，大量人口逃往南方，南方因此得到陆续开发。隋唐时期（581~907年），我国南方经济已经获得相当发展，至南宋时期（1127~1279年），南方经济的发展水平已经明显超过北方，成为新的经济重心。秦岭—淮河以南，降水丰富，气候温暖湿润，物产丰富多样，长江中下游地区是中国的粮仓并出产高质量的丝绸与茶叶。但是，南方如果没有北方的市场，经济发展将会出现极限；同样地，北方如果没有南方丰富的物产，也将停滞不前。为了适应经济发展的内在需求，沟通南北，使南方日益丰富的物产能够供应北方，同时也为了更好地控制江南地区，隋朝开凿了大运河。隋唐时期大运河以洛阳为中心，沟通五大水系，第一次在内河航运上将南北方紧密连接成一个整体。北宋时期（960~1127年），运河形成了以开封为中心向四方辐射的运河水系。运河水系向南沟通了淮水、长江、钱塘江，向北沟通了济水、黄河和卫河。当时，中央政府对南方粮食的依赖程度进一步提高，而运河是北宋南粮北运的主要水道（许瑞生，2016）。正是这些"输粮来万国，积庚下千艘"的南粮，保证了以开封为中心的"中州无孳饿"。宋太宗强调说："东京（宋以开封为东京，洛阳为西京）养甲兵数十万，居人百万家，天下转漕，仰给在此一渠水，朕安得不顾！"元朝（1271~1368年）以后，北京作为首都，统治者通过对隋唐大运河的截弯取直，开通了京杭大运河，至此京杭大运河成为以服务北京为中心的水运体系。明朝和清朝的首都顺承了元朝，大运河成为北京所代表的统治阶层凝聚全国人力、物力的中枢渠道。尤其是元明清三代，宫廷的用度、京官的薪俸、边疆粮饷的供给等都依赖着京杭大运河。总之，大运河的开通，促进了中国南北方经济的联系和沿岸城市的兴起，苏州、杭州、镇江、无锡、扬州、北京等一大批城市迅速成为新的经济中心。

（二）增强"大一统"的政治凝聚力

大运河开通前，南北方经济贸易出现的不平衡，导致了南北方出现分立的政权形式，这种状况从辽、金两朝一直持续至北宋、南宋，近300年。政权对立期间南北方交易以盟约中"岁币"的形式出现，北方辽金政权以赵宋政权赠送的白银来购买江南的物产，间接地促进了南方经济的发展，南北双方在这一体系下达到政治平衡。元朝统治中心北移，以洛阳为中心的运河体系不能满足需求，元朝统治者对原有运河截弯取直，开通了京杭大运河，但是统治中心远离经济中心，也成为元朝灭亡的根本原因之一。但是，大运河在政治、经济、文化上将南北方紧密连接起来，在沟通南北、实现"大一统"方面具有重要作用。除供应北方物资以外，大运河更增强了朝廷政令的通达以及对全国的掌控，也是体现国家对沿岸地区政治影响力的新渠道。疆域辽阔的元、明、清三朝的首都都偏于国家版图的东北，而有了大运河，也就有了一条强化南北方联系、及时掌控江南社会动态的通道。京杭大运河成为加强国家政治统一、经济联系的纽带，在五大水系之间架起了一座政治交往的桥梁。通过大运河，有了广泛的人员来往、书籍流通、技术推广、艺术和思想的传播、生活方式和社会习俗的交流和融合，消除了南北分立的经济和文化基础，增强了大一统的政治凝聚力。

（三）成为南北方文化沟通的重要纽带

大运河是中国古代人民勤劳智慧的象征，历史上对南北方经济、文化的交流发挥了重要作用。大运河历经隋、唐、五代、宋、元，通航了720年，显示了中国古代水利航运工程技术领先于世界的卓越成就。大运河的开通，促进了运河沿岸城市的发展，运河区域商品经济的繁荣更直接促进了一批运河城市的兴起。由运河开发、畅通而兴起的商业城市，从北京南下，经天津、沧州、德州、临清、聊城、济宁、徐州、淮安、扬州、镇江、常州、无锡、苏州、嘉兴和杭州等，其共同特点都是工商业繁荣、客商云集。隋唐的洛阳、北宋的开封、南宋的杭州，以及元、明、清的北京，更是运河区域乃至全中国的政治、经济、文化中心。历史的轴线、运河的文化、水乡的风情、古迹的遗韵、革命的光辉、都市的风采都在运河沿线汇聚。大运河将南北方不同地域、不同文化连成一个整体，成为沟通沿线城市的政治、经济、文化纽带。大运河的开通，促使运河沿岸形成了依托大运河的各种文化，如漕运文化、河道文化、宗教文化、民俗文化等，留下了丰富的历史文化遗存，共同构成了一笔珍贵遗产，积淀了深厚悠久的文化底蕴，凝聚了我国政治、经济、文化、社会诸多领域的丰富信息。

（四）成为中外文化交流的重要通道

大运河不仅沟通了五大水系，而且将中国与海外世界联系起来，成为中外文化交流的重要通道。外国的使团、留学生、传教士通过海运登上中国大陆以后，经京杭大运河到达京师或者沿着京杭大运河游历中国的大江南北，感受中国文化的深邃，将中国文化带回自己的国家；或者沿着京杭大运河进行宗教传播活动，将西方的文化和科学技术带给中国。元朝时期，马可·波罗（Marco Polo）曾在运河区域生活多年，其写的《马可·波罗游记》对大运河区域的情况记述颇多，如大运河的运输、沿岸城镇、风俗民情、经济状况等，燃起了欧洲各界人士对中国的兴趣，促进了中外文化的交流。明清时期的利玛窦（Matteo Ricci）两次由大运河北上进京，终于见到万历皇帝，并取得了在华传教的合法权利。由于大运河在南北方交通中的特殊地位，来华的传教士大部分都是由大运河往来中国南北方的，大运河沿岸的城市也成为他们早期传教的主要地方。为了便于传教，传教士往往以科学知识为敲门砖，将西方的自然科学和技术带到中国，有些传教士还参与修历或供奉朝廷从事科技工作，充当了中外文化交流的桥梁。同时，这些通过大运河往来南北方的传教士，也把中国的文化传入西方，促进了东学西渐的开展。

（五）文化内涵

通过总结大运河历史上的主要功能与在中国社会、经济、文化交流中的作用，我们倾向于将运河文化带的文化内涵界定为"凝聚与开放"。

从凝聚来看，大运河促进了中国南北方经济、文化的交流，这种交流将南北方的文化、经济塑造成一个整体，进而增强了中国南北方政治、经济、文化的凝聚力，对维护大一统的中国有着积极的意义。

从开放来看，大一统的中国在经济、文化、商贸上的强盛，提升了中国对周边国家的影响力，进而吸引外国留学生、使者、传教士进入中国学习中华文化，并在学习中华文化、遍览中华美景、体会中华民情的过程中，传播了自身的科技与文化，促进了中西方文化的交流，也是中国内部南北方之间相互开放以及中国与世界相互开放的象征。

二、功能演化

功能是对象能够满足某种需求的一种属性。满足使用者现实需求的属性是功能，而满足使用者潜在需求的属性也是功能。功能作为满足需求的属性便带有客观物质性和主观精神性两方面，称为功能的二重性。随着历史演进和经济社会发展需求的变化，运河文化带的功能也经历了不断的变迁。

（一）政治军事功能

大运河的开凿最初是基于军事目的。公元前486年吴王夫差为了北上伐齐而开凿邗沟。隋文帝征陈、隋炀帝征辽东等都是基于军事目的。大运河是重要的水路通道，因此历来是国家防御的重点和一些重要战争的发生地。隋朝在已有部分河道的基础上，开凿了一条以洛阳为核心、北至涿郡（北京）、南至余杭郡（杭州）的运河主干系统。

通过该系统，中央政府加强了政治中心与地区间的联系，沟通了当时富庶的黄河中下游农业区与日渐兴盛的江南地区，促进了两大地区的发展，也为其后强盛王朝的物质供给路线奠定了基础。北宋时期，由于国家的疆域发生了变化，大运河河道虽然因循隋唐，但基本上形成了以汴梁为中心，以汴河为主干的发散状运河水系。后来由于黄河改道、北宋灭亡后南北方分属于不同的政权、不通航等原因，隋唐时期开凿的东西向大运河已经完全消亡。

（二）漕运功能

元朝统一中国后，政治中心北移至大都（北京），统治者需要重新建立一条联通南北方的漕运线路，于是通过对原有河道的裁弯取直、重新开凿新河道（如卫河、济州河、通惠河）等方式打造了南北1 800千米、贯穿五大水系、沟通大都（北京）与国家经济中心（江淮地区）的京杭大运河，至此京杭大运河成为元、明、清三朝国家物资运输的生命线。元朝时期，虽然京杭大运河南北贯通，但终元之世仍以海运为主。

明朝政府成立后，将元朝改造取直后的京杭大运河进一步疏通，使大运河具有了真正意义上贯通南北的航运价值。随着大运河的南北贯通，运河航道治理维护的重要性在某种程度上比漕运本身更重要且更棘手。因此，明、清政府改变了以前由水政部门管理或由漕运官员兼理河务的状况，专门设置了直属中央的大运河地方管理机构——总督漕运公署（图2-1）。

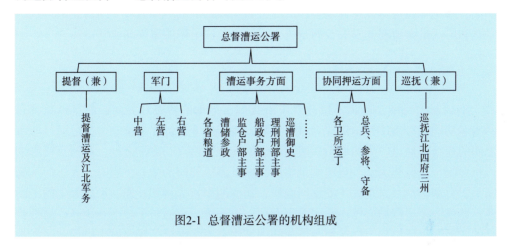

图2-1　总督漕运公署的机构组成

总督漕运公署的设立，促使大运河与漕运制度紧密结合在一起。作为历代封建王朝的基本制度，漕运制度体系主要有以下几个重要方面：一是畅通的河运道路交通体系；二是完善的制度管理体系；三是相关的仓储、办公等机构设施。大运河由江南至北京，成为全国各地征收的漕粮运抵北京的大动脉，也成为漕粮存储和调运的最重要的中转通道。历史证明，大运河畅则漕运兴，国家便能确保繁荣统一；大运河阻则漕运衰，国家则败象日显。因此，大运河在漕运方面的重要性不言自明。

（三）商贸功能

大运河作为漕运的主干，在联通京师与江南路线通畅的同时，自然也带动了其他功能。例如，商贸就是大运河伴随着漕运产生的重要功能。历代的发展也证明，漕运兴旺的地方，商业也比较发达。苏州等运河城市以其便利的地理位置，不仅成为南北货物的集散地，而且吸引了四方商贾云集，城市商业人口日渐增多，商业气息突出。又如，运河与淮河交汇口的楚州、淮河南岸的淮阴及淮河北岸与汴河交汇口的泗州皆是南北运道的必经之路或枢纽。楚州扼淮河口，有新罗船往来沿海及新罗、日本，城中有新罗坊，为新罗人聚居之所，城郊有草市。淮阴仅是个县城，"簇簇淮阴市"，"望来淮岸尽，坐到酒楼前。灯影半临水，筝声多在船"，"鱼盐桥上市，灯火雨中船"，呈现出十分喧闹的景象。泗州原治滨临泗水的宿预，开元时移治长安四年（704年）始设的临淮，西枕汴河，南临淮水，"商贩四冲，舳击柁交"，成为一个新兴的运河城市。位于汴河中游的宋州，历史悠久，唐时因汴河而更加繁荣，"邑中九万家，高栋照通衢，舟车半天下"。润州地处运河入长江的口岸，自唐开元二十五年（737年）润州刺史齐瀚开凿伊娄河，改善漕船过江航道之后，润州与运河有关的手工业和商业，如造船、冶铁、麻绳、木材、桐油、纺织等行业得以迅速发展，广泛分布于城西北的运河沿线，随着交通运输的发达和沿江沿海贸易的发展，润州成为运河与长江沿岸的重要商业港口。

（四）文化景观功能

隋唐五代时期，运河不仅改变了沿线城市运动的轨迹和方向，而且以其特有的漕运功能和经济文化价值成为城市兴起、发展和变迁的主要推动力。运河是城市之间的连线和通道，大的城市一般是运河的起点、终点、交汇之处。运河直接影响城市形制，以扬州为例，自建城至隋唐，城址多以蜀冈为中心。唐时，大运河从蜀冈下，自城南流过，士民工商逐河而居，运河两岸首先得到开发，形成繁华的工商业，这就决定了罗城必然向蜀冈以下发展，进而形成罗城与子城南北相连、高低错落的"吕"字形格局。以运河为依托的内城水系直接促成了扬州城市格局。运河水系在唐朝扬州城内的井字形骨架，偏于扬州城之中、西部和中、北部，使得罗城的平面布局呈曲尺形而虚其东南一隅。运河水系影响了城内里坊的设置。唐朝兴元年间，扬州城内水系沿岸逐渐出现了商业街，其不同于坊市制度下的"市"，封闭隔离的布局已被冲破，代之而起的是开放式的体制。城外里坊均在运河水系的辐射区，并且距离拉得很长。正是运河对扬州平面布局与里坊设置的影响，形成了"街垂千步柳""华馆十里连""车马少于船"的水乡城市特色（宫辉力，2018）。

目前，大运河主要为沿线城市旅游资源开发提供依托，大运河沿线城市旅游资源丰富，历史文化遗存集中，旅游基础设施完善。长三角段大运河沿线城市大都形成了大运河保护与开发的思路，部分城市已经完成了大运河整体或部分区段的旅游规划编制，如《济宁市大运河片区发展概念规划》《苏州高新区大运河风光带设计方案》等，大运河旅游配套项目和设施也在不断完善。大运河沿线的扬州、镇江、常州、无锡、苏州、嘉兴、杭州等城市在不同空间范围内形成了以核心运河景观区域为节点、节点间运河廊道为轴线的大运河旅游空间布局，成为展示沿线城市景观与运河文化的廊道与纽带。

三、文化契合与功能分异

（一）北京与运河的文化契合点

北京自古以来就是各地区文化、民族融合的中枢地区。北京位于以汉族为代表的农耕文化与以少数民族为代表的游牧文化的交错地带，是中原、东北、内蒙古高原三大地区相互联系的中心场所，是一个多民族交融的区域。农耕与游牧民族在燕山南北的相互冲突、交流、融合，共同创造了丰富多彩的地域文化特色，促使北京的文化自城市建设初期就包含着融合与包容的时代特征。尤其是隋、唐、宋、元、明、清几个朝代，北京或作为主要边镇所在地，或作为契丹与金的中都，或大一统王朝的首都，其政治中心、文化中心、军事中心的地位促使北京成为汉、蒙、满等民族及中国各个地区集聚交融的中枢地区。大运河作为南北方交流的桥梁，在沟通中国南北方经济、文化中发挥了巨大作用，也是北京能成为多元文化与包容精神所在地的具体体现之一。

北京控御海内水陆交通格局的战略位置使其成为大一统王朝凝聚全国资源的核心场所。优越的地理位置使北京成为中原农耕文化防御外来入侵的主要防御阵地，横亘在北京北部的长城就说明了这一点。为了防御游牧民族南下，中国的历代王朝均将防御重心放在北京，集中全国的人力、物力于此地。集全国之力修筑的隋唐大运河是基于对北方游牧民族的军事防御而兴建的。后来随着契丹与金的崛起，北京又成为少数民族进攻中原的主要枢纽之一。随后多个少数民族政权下的大一统王朝，又使北京成为辽阔王朝国土的中心地带。在北京建都有利于促进东北、蒙古、中原的经济和文化交流，进而以北京为中心，凝聚三方的力量。即便是在以汉族为核心的明朝，以天子守国的北京，也是凝聚全国最强的各种资源的主要所在。而通往北京的大运河，便是凝聚全国资源的一个重要渠道。

北京是古代中国对外开放体系的管理中心。近代以前，在以中国为核心的东亚儒家文化圈中，北京作为封建大一统王朝的首都，是国家对外交往、展示大一统王朝实力的核心载体。在近代以前的朝贡体系下，北京是周边国家进入中国朝贡、学习、访问、旅游等的首选之地，也是西方传教士进入中国传教觐见王朝统治者的地区。同时，在国家内部北京也是不同民族之间相互开放、交流的主要场所，由此北京作为中国传统上的开放中心，其内涵就包含有开放和融合的文化特质。鸦片战争之后，清政府被迫开放，北京成为各国使馆所在地，国外文化、经济开始通过北京向周边辐射。中华人民共和国成立后北京作为中国的首都，承担着中国对外交往的重要职能。随着全球化进程的加速推进和中国在全球经济中地位的提升，中国需要体现自身文化软实力并提升话语权，所以对北京的功能定位是文化中心，也是中国特色社会主义文化之都。大运河在历史上所围绕北京发挥的开放功能和当前的文化展示功能，也应成为北京文化中心建设的题中之义。

（二）北京段大运河的功能分异

清末至民国，由于常年战乱，民生凋敝，运河逐渐荒废淤塞，全线不再通航。中华人民共和国成立后，在原有大运河基础上开始全面整治和改建，一方面通过旧有设施的现代化改造，对河道裁弯取直，开辟新的航道；另一方面结合南水北调工程，将部分大运河河段改造成输水通道。新建的大运河亦称大运河，但在河道组成和功能上已经大有不同。目前，北京市主要的运河文化遗产点段均以保护性游览为主，部分河段保留通航功能。

1. 文化旅游功能

承担文化旅游功能的主要有通惠河（通州段）、通惠河（旧城段）、南长河段等。通惠河（通州段）是大运河最北方的河段，是通惠河与北运河交接的重要河段。通惠河（通州段）始建于公元13世纪末，长约5千米，在元代至明初约2个世纪的时期内，是漕船经由通州向北京漕运的主要通道，现在部分河道已改为北京城市景观河道。通惠河（旧城段）包含了大运河的北方终点段——什刹海及通往什刹海的玉河故道。沿线运河遗产还包括澄清上闸、澄清中闸等。什刹海是京城内老北京风貌保存最好的地方之一，也是老北京主要的商业活动区。周围有许多王府和花园，如保存完好的恭亲王府和醇亲王府；名人故居，如宋庆龄故居、梅兰芳故居等；明清街区和建筑，如钟楼、鼓楼、烟袋斜街等。依托胡同、四合院和大街，什刹海地区自古以来就有许多富有特色的民俗活动、特色美食，成为著名的老北京文化一条街。什刹海景区综合治理办公室监控数据显示，2016年"十一"期间，每天大概有18万名游客在什刹海景区游玩。

2. 绿地公园功能

南长河河段，北起昆明湖的绣绮闸，南至北护城河的三岔口，系通惠河河道一段，目前沿河修建有南北两岸总面积达17公顷的南长河公园。通惠河（玉河段）位于万宁桥到地安门东大街路北的古河道，经过历史文化恢复工程，已从暗河变为明河，恢复了700年前的古玉河道480多米，并在河道上和河岸复建了明清四合院建筑，沿河又呈现元明时期的古都风貌，两岸也修建成美丽的公园。

3. 保护展示功能

2014年6月中国大运河在联合国第38届世界遗产委员会大会上被列入世界遗产名录，目前北京段大运河文化遗产主要包括沿河遗址遗迹、运河水利工程遗迹等，如国保单位永通桥、通运桥、南新仓、张家湾城墙遗迹；市级文保单位北新仓、燃灯佛舍利塔等（图2-2）；区级文保单位东不压桥遗址、德胜桥、玉河庵等。

永通桥又称八里桥，是北京四大名桥之一，坐落在古老的通惠河上。燃灯佛舍利塔是通州八景之一，位于北京市通州区北端运河西岸，有极高的艺术价值。

图2-2　文化遗产的恢复和展示

资料来源：http://www.naic.org.cn/html/2017/gjjg_1220/35206.html

张家湾码头遗址、里二泗码头遗址显示了运河昔日的辉煌。这些文化遗产用于保留历史文化的展示功能，承载运河文化的历史积淀。

4. 产业集聚功能

部分河段成为产业集聚的主要场所，以南新仓文化休闲街为代表。南新仓文化休闲街为国家3A级旅游景区、国保单位、市级特色商业街之一。在合理保护的基础上，善加利用"南新仓"珍贵的古仓文化资源，传承600余年历史文脉，精心打造南新仓文化休闲街，古老的南新仓呈现新生机。现有30余家商户进驻经营，业态可以分为文化、休闲两大类，涉及艺术文化、演出文化、美食文化等。文化类有艺术画廊、音乐传播中心、影视文化俱乐部、文化传媒工作室、昆曲小剧场、会所等，休闲类有特色风味餐厅、酒吧、茶苑等。

第三节　长城文化带的文化本质

万里长城是人类最伟大的工程之一，人们对中华民族长城文化的不同时期、不同层面都做了大量的分析和研究。尽管长城在人类物质文化史上留下了浓墨重彩的一笔，但是其珍贵的历史价值则更多地体现在其精神内涵上。长城因处于游牧文明与农耕文明的交界地带，其本身即是文化交锋的产物，在以后的历史时期，也扮演了文化交流融合、维护农业文明与大一统的角色。

一、文化本质解析

（一）文化交锋的产物

据史料记载，长城始建于春秋时期，经秦汉、南北朝到明代，倾历朝历代之功，动万民之力，费数以万计之资修建而成。追本溯源，长城修建之初本为抵御列国之间、列国与游牧民族之间的相互攻伐，本身蕴含了不同地域和不同文化的交锋，如齐国修长城以抵御燕、赵、韩；赵长城主要防御北方游牧民族东胡和楼烦。秦统一中国后，连接六国原有长城，修建了连亘绵长的万里长城，其本意也在抵御北方游牧民族南下，为中原农耕文明提供稳定安全的发展空间。自秦始皇以后的数千年，长城一直发挥了此项作用。凡是统治中原地区的朝代，几乎都要修筑长城。据不完全统计，汉、晋、北魏、东魏、西魏、北齐、北周、隋、唐、宋、辽、金、元、明、清等十多个朝代都不同规模地修筑过长城。明朝一直致力于修建长城，建立了完善的军事防御体系。值得深思的是，明长城的走向几乎与400毫米等降水线重合，这也说明长城是中华文化圈内农耕文明与游牧文明的分界线，在这一意义上，长城本身即是两种不同文化之间较量与交锋的产物，标志着中原农业文明与北方游牧文明之间经过反复较量与交锋而达到的平衡状态。

（二）促进了多民族大一统王朝的形成

长城的修建保障了农耕文化的发展，也促进了长城沿线的开发。长城所构建的军事防御体系保障了中原王朝北部边疆的稳定，也使中原与西域的交流交往得到保障，尤其是汉代以来，西域长城成为"丝绸之路"的卫哨，中原文化与西方文化得以交流融合，相互吸收借鉴。长城的修建使得大量人口迁移到长城沿线，历朝统治者为了"实边"，也以各种手段增加长城主要关塞的人口力量，增加戍守军事力量的同时，配套实施了一系列屯田政策，荒芜的土地得到开垦，边塞地区获得发展。移民带来了不同于边疆地区的移民文化，一方面，来自人口稠密地区的内地移民将先进的生产方式与技术传播到边疆地区；另一方面，边疆地区固有的文化传统在融合移民文化后形成了新的文化形式，造就了中华文明的丰富多彩。和平时期，中原地区与游牧地区常常发生互市交流，而这种交流大体沿长城一线展开。长城沿线大型关塞往往成为农耕民族与游牧民族举行互市的场所，不同的文化形式在互市中得以碰撞交融。中原地区的茶叶、瓷器、粮食与游牧地区的皮革、马匹等互通有无，大大增强了各民族之间的文化交流和友好互利。中原地区往往摄取游牧民族的异域文化，并将之作为农耕文化的补充；游牧民族则从中原农耕地区学习先进的生产生活方式、政治制度、风俗习惯等，甚至完全融入汉族的熔炼。

（三）中华民族自强的主要意象

从檀道济"乃复坏汝万里之长城！"将万里长城纳入新的意象开始，长城逐渐成为象征对捍卫民族利益起重要作用的人和事。"万里长城唐李绩，百年勋业汉留侯"充分表明了人们将长城作为对捍卫国家民族利益的人的一种敬称，也说明英雄在民众心中的重要位置。"一贤可作万里城，一人可当百万兵"表现的就是对民族英雄的怀念和希望。"泾原非远略，韩范各名卿。地尽三秦国，身当万里城。"表达了对韩琦和范仲淹守卫边疆的赞扬，说他们如长城一样捍卫着边疆。由此，长城融入了中华民族自强自尊的文化意象。抗日战争时期，《义勇军进行曲》成为中国人民保卫国家、抗日赴死精神的写照。后来这首曲子又成为中华人民共和国的国歌："起来！不愿做奴隶的人们！把我们的血肉，筑成我们新的长城！中华民族到了最危险的时候，每个人被迫着发出最后的吼声。"这里的长城，就是捍卫国家主权和领土完整、捍卫国家民族自尊的一种鲜明符号。随后的很多包含长城意象的歌曲，如《万里长城永不倒》等，都将万里长城比喻成为中华民族奋斗自强的脊梁（图2-3）。

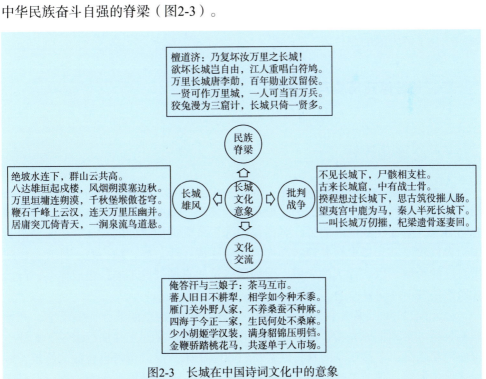

图2-3　长城在中国诗词文化中的意象

（四）彰显中华文化的重要窗口

作为世界知名的文化遗产，长城是中华民族意志、勇气、力量的象征，成为中华民族重要的文化标志和文化源泉，也是国际社会了解中国历史、认识中国文化的绝佳窗口。进入21世纪以来，中国综合实力的发展、国际政治地位的提升与国际话语权的增加，必将带来新一波的"中国热"。作为最具有代表性的文化事项之一，中国也需要长城文化这一窗口来展现中华文明的伟大与智慧。"不到长城非好汉"，长城也是众多访华来京外国政要与普通民众都"青睐"与必看的标志性景点，如美国前总统尼克松、里根、克林顿、布什等访华时都游览过长城。因此，长城在新时期更多地体现为一种民族文化传承和民族内外交往互动的重要载体。

通过以上对长城历史作用和功能的剖析，长城这一文化意象充分体现了"融合与互动"。长城的修建促进了多民族大一统王朝的形成与巩固，保卫了以汉族为主体的农耕文化，体现了不同民族、不同文化的融合与共生，增加了文化多样性，增强了文化凝聚力。历史上看，长城本身就是两种不同文明交流和碰撞的产物，体现了农耕文明与游牧文明的互动形态和场域，标志着中原农耕文明与北方游牧文明之间经过反复较量与交锋而达到的平衡状态。当前，长城已经成为民族自强精神的象征，成为捍卫中华文化的符号。作为著名的世界文化遗产，也成为国际社会了解中国的窗口。

二、长城修建历史与功能演化

（一）修建历史

长城的修建始于春秋战国时期，周代为了防御北方游牧民族的侵扰，在北方沿线修建了城台和烽火台，成为长城最早的发端。战国时期，除秦、赵、燕等国有防御北方游牧民族的需要外，各诸侯国为了抵御彼此之间的攻伐，也纷纷沿封国边界修筑要塞和烽火台并修筑高大的城墙连成一线，齐、魏、楚、韩等都修建了自己的长城，以防邻国的入侵。但列国修筑的长城彼此不连，自成体系，与后代所修长城不可同日而语。

公元前221年，秦灭六国，统一中国。不久，秦始皇便下令征发役卒，开始修筑长城。秦朝把原先秦、燕、赵等国北部的长城连接起来并加以增筑、扩建，筑成西起临洮、东达辽东的秦长城，长5 000多千米。汉武帝时也曾数次修筑长城用来保护河套、陇西等地，以及东西往来的交通。汉长城更长于秦长城，至今汉长城遗迹仍处处可见。此后，北魏、北齐、北周、隋朝都有修筑长城的记载。

明朝建立以后，为巩固北部边防，抵御蒙古瓦剌和鞑靼部族的侵扰，也不断修筑长城。明朝修筑长城的工程延续200多年，明朝初期修建的长城东起鸭绿江，西达祁连山麓，全长7 300多千米；明中叶时又大力修缮自山海关至嘉峪关一线，是目前保存较为完好的一段长城，也是享誉中外的人们熟知的"万里长城"。目前，北京的长城遗址基本以明长城为主。

（二）功能演化

1. 军事防御功能

长城是世界上修建时间最长、工程量最大的一项古代防御工程，它是由城墙、敌楼、关城、墩堡、营城、卫所、烽火台等多种防御工事组成的一个完整的防御工程体系。城墙无疑是防御工程中最重要的部分，城墙根据地形和防御功能的需要，大多依险而建。明朝所修长城城墙一般高七八米，底部厚六七米，墙顶宽四五米。城墙分别设宇墙和垛口墙，垛口墙设有瞭望口和射击洞（图2-4）。明朝中期，抗倭名将戚继光对长城的防御工事做了改进，在城墙顶上设置了敌楼或敌台，以住宿巡逻士兵和储存武器粮草，使长城的防御功能极大加强。

图2-4　慕田峪明长城城墙
图片为作者拍摄

长城在重要的道口、险峻山口、山海交接处设置关城，既可交通，又可防守。关城设置的位置至关重要，均是选择在有利防守的地形之处，以收到以极少的兵力抵御强大的入侵者的效果。长城沿线的关城有大有小，数量很多。以明长城的关城来说，大大小小有近千处之多，著名的如山海关、黄崖关、居庸关、紫荆关、平型关、雁门关、嘉峪关等。长城沿线还建有独立的烽火台，用于在有敌来犯时举火燃烟，传递信息。烽火台除了传递军情外，还为来往使节提供安全保护、食宿、供应马匹和粮秣等服务。

长城的防御工程体系除军事工事外，还配套有军事建制。以明朝为例，明朝在沿线分设"九边重镇"，辽东、蓟州、宣府、大同、太原、榆林、宁夏、固原、甘肃九个军事管辖区，以此来分段防守和负责修缮长城。每镇设总兵作为这一段长城的军事长官，受兵部的指挥，负责所辖军区内的防务或奉命支援相邻军区的防务。其中，蓟州镇即管辖今天的山海关至北京慕田峪段长城，嘉靖年间增设的昌平镇管辖从慕田峪经居庸关至紫荆关段长城。明代长城沿线约有100万人的兵力防守。总兵平时驻守在镇城内，其余各级官员分别驻扎于卫所、营城、关城、城墙上的敌楼和墩堡之内。

2. 历史文化功能

清朝建立以后，疆域版图大为扩展，蒙古草原被纳入帝国版图，长城的军事防御功能逐渐丧失，其文化上的象征意义逐渐显现，长城成为炙手可热的文化事项。改革开放后，随着旅游业的发展，长城成为中外游客青睐的景点，来自全国乃至全球的游客都将长城视为必游景点，长城成为标志，成为中华文化的象征，长城本身也从主要承担军事防御功能的古建筑，变为彰显历史文化的功能载体。

第四节　西山文化带的文化本质

西山文化带囊括京西南太行山余脉和京西石景山八大处至香山一带及部分山前地带。这一区域不仅包括以"三山五园"为核心的皇家园林文化区、以八大处为核心的山地佛教园林区，也包括北京旧城长河历史文化廊道，跨越了从史前至当代漫长的历史时段（表2-1）。从大西山的范围来看，主要囊括了北京西部的山区与河流。

表2-1　西山文化带主要遗产与景点

景观级别	主要文化遗产与景点名称
国家级文保单位	八达岭水关长城、居庸关、大觉寺、碧云寺、卧佛寺、景泰陵、圆明园、静明园、田义墓、法海寺、潭柘寺、戒台寺、姚广孝墓塔、万佛堂、金陵、十字寺遗址、周口店遗址、房山云居寺

续表

景观级别	主要文化遗产与景点名称
市级文保单位	云台寺、和平寺、白瀑寺、魏太和造像、醇亲王墓、鹫峰地震台、普照园、三官阁过街楼、清工部琉璃窑厂、天利煤厂旧址、慈善寺、双清别墅、铁瓦寺、上方山诸寺级水洞、周吉祥塔、应公长老寿塔、照塔、八路军冀热察挺进军司令部旧址、双林寺、灵严寺大殿
5A	颐和园
4A	居庸关云台、凤凰岭自然风景区、香山公园、北京植物园、圆明园、八大处公园、潭柘寺、戒台寺、北京圣莲山风景度假区、石花洞景区、北京石花洞国家地质公园、周口店遗址、北京十渡风景名胜区、房山云居寺塔及石经
3A	棋盘山景区、妙峰山风景名胜区、大觉寺、百望山森林公园、黄岑仙谷景区、百草畔景区
2A	北京石花园风景区、珍珠湖景区、灵山风景区、小龙门景区、十八潭景区、银狐洞园区、没有共产党就没有新中国纪念馆、百花山自然景区、上方山国家森林公园、仙栖洞
1A	张坊古栈道
其他	八达岭古长城自然风景区、石峡关长城、北京鳌山国际、中国北方国际射击场、和平寺景区、白羊沟景区、后花园（白虎涧）风景区、菩萨山风景区、阳台山风景区、神峡泉景区、灵溪风景区、北京汇通诺尔狂飙公园、北京西山国家森林公园、京西古道景区、法海寺森林公园、天门山景区、将军坨景区、石花洞鸟语林、白水寺森林公园、仙风谷景区、乐佛山景区、天池山景区、花果山景区、龙虎沟瀑布风景区、龙湖港风景区、仙西山景区、西湖港景区、百花山景区、百花谷景区、百花溪径景区、西达摩自然景区、爨柏景区、黄草梁景区

一、宗教文化的活态展示区

西山地区环境优美，自隋唐一直到明清建造了很多古刹名寺，形成了一批历史悠久、久负盛名的山地佛教寺庙园林，尤以八大处为最。作为世界上知名的佛教圣地，西山地区成为北京及周边地区重要的宗教文化遗产聚集区。佛教文化囊括哲学、文学、书法、绘画、雕塑、建筑等形式，是中国传统文化的重要组成部分。魏晋以后，中国哲学就与佛教产生了千丝万缕的联系，儒、道、佛不断相互融汇，形成了讲究入世的佛教和追崇心性的理学思想。向来被称为中华文化冠冕的诗、书、画也都深深打上了佛教的烙印，小说、雕塑、建筑更是与佛教有着十分密切的联系。当今对于中国古代文化的研究，如果不考虑佛教文化的影响和相互关系，显然不能求得要旨。佛教寺庙作为佛教文化的直接载体，自然承接了延续和传播佛教文化的功能，也是我们了解佛教、连接古代传统文化最生动的课堂。

二、皇家园林文化的承载体

明清以来，北京西郊就成为中国古典园林，特别是皇家园林最为集中的地区。康乾时期，皇家园林的建设规模宏大、富丽堂皇，达到了鼎盛。西山一带形成以"三山五园"为中心的古典园林建筑群，这些皇家园林代表了我国清朝园林艺术的最高水平。清朝皇帝不仅在园内生活起居、休闲娱乐，而且在那里处理朝政，成为紫禁城之外的又一枢机。同时，周围也有许多王公大臣为面圣而修建的私家园林，这些政治精英都是当时在政治、经济、军事等各领域发挥重要作用的人物，对中国的历史进程产生了重要影响。西山地区园林建筑群不仅是中国古代园林艺术的体现，同时也是很多重大历史事件的发生地和历史人物的活动场所，承载了皇家园林的历史价值，也凝聚了中国历史的缩影。

综上所述，西山文化带的内涵可以概括为"多元与包容"。一方面，西山文化带融合了北京的起源文化、宗教寺庙文化、军事防御文化、民族融合文化、皇家园林文化、陵寝墓葬文化、工业生产文化、科学考察文化、近现代教育文化和红色革命文化，是多元文化交融荟萃的产物。另一方面，中国传统文化具有很强的包容性，在它的发展过程中不断吸收其他先进文化和周边民族文化。历史上，大多数能够稳定统治汉族地区的少数民族政权最后都吸收或融入了汉族传统文化，而不能很好地融入汉族传统文化的少数民族政权很快被历史淘汰。与历史上其他少数民族政权不同，清朝以少数民族统治中原取得了长久的稳定，却依然保留了本身的民族特性。西山作为清朝统治的政治中心，是窥视清朝统治的一个历史窗口，这个窗口不单单体现出清朝如何征服中原，体现着汉族人对清朝政权的认同，同时无疑体现着清朝统治下各民族交融共生的历史过程。

第三章　保护发展的问题诊断

第一节　运河文化带存在的主要问题

由于北京大运河具有超广的时空范围，在其发展过程中已逐步丧失漕运功能，目前大多数河段为景观与排水河道。城市化的高速发展、居民遗产保护意识的淡薄、政府保护理念缺乏科学性，导致北京大运河河道被占用，运河水被污染，遗产周围破坏、乱建现象时有发生，致使河道景观与周边城镇建筑景观不协调；北京大运河保护性开发缺少整体策略，沿线旅游景点交通连接不畅，文化资源没有得到有效整合，影响运河文化带旅游功能，不能发挥北京大运河在新时期的新价值；北京大运河保护开发与当地居民互动不足，没有实现有效参与，政府部门之间存在矛盾，缺少针对性的法律体系作为依托。

一、对运河遗产认识不全面，范围界定不清

北京大运河由昌平至通州途经六个区，是一项具有超广时空尺度的连续性的工程。但是由于河道、湖泊千百年来不断在小范围内摆动，其具体历史边界难以完全确定。而且快速的城市化进程、大规模的城市建设导致很多运河故道未被充分调查或未经专门规划就被占用，如遗址类河道通惠河故道（今玉河故道）部分河段就被盖在城市道路与建筑之下，具体线位难以确定。

北京大运河流经之地留下了丰富的文物古迹，而目前对于北京大运河的遗产构成主要有两种观点。

（1）从水利工程体系角度界定运河遗产。例如，北京大运河遗产的主体构成是水利工程体系，由水道工程、水源工程、工程管理、附属设施四大工程系统

组成。北京大运河作为文化线路的三个主要内容之一的水路遗产体系，由水道工程、蓄泄工程、交通运输工程、行政管理设施四大类组成。

（2）从北京大运河遗产及其背景环境角度界定。北京大运河遗产可以分为几个层次：第一个层次是运河河道及其附属设施；第二个层次是与大运河相关的遗迹，包括因运河而生的城镇、建筑等；第三个层次是大运河周边环境景观及非物质文化遗产。《国家文物局关于印发〈大运河遗产第二阶段保护规划编制要求〉的通知》（文物保函〔2009〕1293号）中规定，"大运河遗产及其背景环境构成"部分包括：①大运河遗产。水利水运工程（水工）遗产，运河城镇、运河村落，其他相关历史遗存，非物质文化遗产。②大运河背景环境。城乡建设环境、郊野自然环境①。

应该认识到，运河遗产不能仅仅局限于运河河道及其工程本身，还应该包括运河城镇、村落、建筑、文化、经济、传说、故事，以及其他相关历史遗存（王建波和阮仪三，2009；朱晗等，2013）。目前，北京大运河遗产点和河道的分类主要是从水利水运工程体系角度界定的，在《大运河遗产保护规划（北京段）》中划定的物质文化遗产共40项。其中，水利工程遗产31项，包括河道5项、水源4项、水利工程设施（闸）7项、航运工程设施10项（桥梁8项、码头2项）、古代运河设施和管理机构遗存（仓库）5项；其他运河物质文化遗产9项，包括古遗址6项、古建筑2项、石刻1项。

虽然在《大运河遗产保护规划（北京段）》中加入了反映大运河历史、大运河沿线曾经存在且保存流传至今、与大运河相生相伴的地名、传说、风俗等非物质文化遗产（表3-1），但内容较为简略，没有进行系统全面的整理，而且没有包括因大运河而生的城镇和大运河周边环境景观，对于非物质文化遗产的补充还应该继续进行，这是构建运河文化带、提炼运河文化内涵和实现带状区域可持续发展的基础（刘蒋，2011）。

表3-1 北京大运河非物质文化遗产名单

遗产编码	遗产类型	遗产名称
1	地名	海运仓
2		与运河相关的胡同名、街道名
3		通州区若干个村庄的村名
4	传说	宝塔镇河妖
5		铜帮铁的古运河
6		八里桥的故事——"扒拉桥"
7		不挽榄
8	传说	乾隆游通州地奇闻逸事
9		萧太后河的来历
10	风俗	通州运河龙灯会
11	其他	通州运河船工号子

---

① 关于印发《大运河遗产第二阶段保护规划编制要求》的通知. http://www.sach.gov.cn/art/2009/11/9/art_2184_33989.html，2009-11-09.

二、保护意识淡薄，破坏风险依然存在

北京大运河大部分遗产仍位于最初兴建位置，工程材料、结构形态、风格的真实程度较高，但大部分遗产在历史上都经历过不断维修，历史上运河河道、湖泊也在小范围内不断变迁，使得北京大运河遗产的整体真实性受到一定影响。

具体遗产点保存状况普遍较差，只有少数遗产点，如瓮山泊（今颐和园昆明湖）、燃灯佛舍利塔等，因为已是文物保护单位，所以保存较好，但并未按照中国大运河世界文化遗产的标准进行保护。其余大部分遗产点保存状况堪忧，河道、湖泊被污染，桥、闸、古建筑均有不同程度的损坏。很多遗产，如运河仓厂和码头等地上已无遗存，仅存留地下遗址。

目前，北京大运河遗产仍面临继续被破坏的危险，尤其是位于中心城区和通州副中心集中建设区内的遗产点，不断受到城市开发建设的冲击，急需进行抢救性保护。

废弃的河道与设施逐渐被湮没或被改作他用，文化遗存的状况尚未摸清，沿线城镇传统街区破败不堪，文物建筑面临拆改和损毁的境况。一些区段被改道或拓宽，使运河本体文物受到较大损失，而运河沿线城镇的快速发展，使传统建筑和街区被拆、被改，面目全非。

遗产所处环境与历史相比，已经发生重大改变，多数遗产点的周边环境普遍较差，用地性质混杂、高楼林立、风格凌乱、交通拥堵，与遗产本体缺乏协调，严重影响了遗产的保护与展示。

三、河道断流、河水污染、岸线固化严重，河道生态系统退化

随着铁路、公路、航空、海运等现代多样的交通运输方式的兴起，运河的航运功能基本丧失，已经开始走向衰败，出现了局部断流的现象；处于干涸状态的河道或者被废弃，或者被改作他用。长期干涸的河道往往成为人们倾倒垃圾的场所，甚至被任意侵占。

河道、水源遗产本体遭到一定程度的破坏，存在水源不足、水体污染、河滩裸露、周边人文遗产被破坏的现象（图3-1）。水体污染也是北京大运河的主要问题之一，其中工业污水和生活污水都是影响运河水质的因素。北京大运河沿线许多河段堤防上建有向河中排放污水的管道，沿线许多河段存在不同程度的富营养化现象。2010~2015年北运河主要污染物指标逐年上升，其中化学需氧量、生化需氧量分别上升了30%和52%。虽然2015年以后政府对污染的治理力度加大，但这种现象只得到了改善，并没有完全解决。

图3-1 运河河道受到污染和侵占的旧照
资料来源: http://m.sohu.com/n/350709967/

北京大运河有些河段两岸大量采用混凝土或浆砌块石作为衬砌或防护材料，这些做法使河岸硬化，破坏了水系与土地及其生物环境之间的物质与能量循环，降低了河水的自净能力，使运河两岸自然生态环境有所退化。许多河段尤其是城区内的河段两岸有很长的人造景观带，这些景观带高度趋同，与运河多样的历史记忆和文化内涵相悖。

四、运河保护性开发缺少整体策略，未能发挥运河在新时期的功能价值

《大运河遗产保护规划（北京段）》中提出"保护为主、抢救第一、合理利用、加强管理"的文物工作方针，以保护优先为基本原则，在我国历史发展的重要关头保护好大运河这份中华民族和人类文明的重大遗产。在有效保护的基础上，遵循协调发展的原则，提出北京段大运河遗产保护与经济发展、社会发展、城乡建设、生态环境保护相协调的策略。

在开发利用层面，以保护优先、合理整治、全面展示、优化功能、拓展旅游为原则，划分若干展示区，实现真实全面地反映北京大运河遗产的价值，同时实现大运河作为城市特色的景观功能，达到遗产保护、运河文化知识普及、生态环境优化、塑造市民文化休闲场所、促进地方社会经济发展的目的。最后提出在各个遗产点建立展示区域，发挥运河遗产的文化价值。

由于漕运、码头、水源等原始功能已丧失，部分河道、湖泊只有景观游览功能，大部分为城市的防洪排水河道，因此转变河道功能很重要。目前的展示利用规划仅仅

发挥了遗产点的文化价值，运河作为遗产能够发挥的价值远比其自身要大得多。

运河流经的区域，沿岸政府、企业、居民一直利用运河进行工农业生产、取水、排污、航运、休闲、游憩等，所以应该将沿线地区的遗产保护、经济发展、民生改善统一起来。

运河沿线有数量可观的重建、复建或者仿古的商业性项目，依托运河遗产招商引资的项目更多，破坏性建设也屡见不鲜，所以在运河开发利用层面，"保护为主"是无可厚非的。在利用的方式上，不能仅仅局限于遗产点本身，还应该将各个遗产点联系起来，因为运河是一个整体，其文化内涵不可分割。同时还应该带动区域内产业发展，为当地居民谋福利，力求实现"遗产保护、经济发展、民生改善"的良性循环。

五、运河河道景观与周边城镇建筑景观不协调，不能相得益彰

遗产周边环境协调性差，用地情况复杂，建筑风格凌乱，部分河段周边存在私搭乱建现象。由于地方经济的发展缺乏科学的研究和指导，盲目地开发和大规模利用，北京大运河历史文化遗产的原真性大打折扣。一些遗产点的所在地已经被开发为城市建设用地，导致遗产景观与周边的建筑景观不协调，除了处于什刹海历史文化保护区内的遗产外，其余遗产周边环境已发生较大变化，不利于对遗产的保护与展示。例如，北新仓现位于北新仓小区内、禄米仓位于禄米仓胡同内、神木谣碑位于御宸上院小区内，现代建筑与遗产古迹之间缺乏协调（图3-2）。

图3-2　神木谣碑与现代高楼

资料来源：http://blog.sina.com.cn/s/blog_13484f6ef0102w3hr.html

再如，通惠河河段，由于通惠河河床水质与两岸生态环境的非自然化，较多的居民认为通惠河是排水渠道，忘却了它在历史时期曾经辉煌的漕运交通功能，也忽视了其能改善人居环境的生态景观功能。不仅沿河及两岸的运河遗产随之被遗忘，高碑店以西的近郊河段是摊大饼式的城建区蔓延；高碑店以东的远郊河段，是生活垃圾与加工作坊群的蔓延。昔日"通惠河水清如油""水色如油藉闸收"的迷人环境，与今天的状况反差甚大（阙维民，2009）。

六、运河沿线旅游景点交通连接不畅，文化旅游资源缺乏有效整合，影响运河文化带旅游功能的发挥

遗产普遍缺乏展示，公共展示场所少，点状资源可达性差，与大运河相关的展示、讲解及游览活动缺失。在规划中提出了若干个展示区，如白浮泉引水工程展示区、通惠河运河主航道文化展示区、通州白河文化展示区等，还设计了车行旅游线路。

（1）主线路为：白浮泉沿京密引水渠至玉泉山与瓮山泊，再沿南长河至什刹海，沿通惠河故道（今玉河故道），最终沿通惠河至通州，主要串联重点展示景点和各个河道上的桥闸。

（2）支线路：北新仓、南新仓、禄米仓线路；沿坝河线路；通州城至张家湾城与皇木厂村线路。这些线路中虽然展区内在联系密切，可以系统地展示某一特色文化内涵，但是展区与展区之间的交通联系并不是十分便捷。

例如，规划线路中的玉河遗址公园与通惠河之间，考虑游客自身不是每个人都有自驾工具，为了使用时最短、步行距离最短，最佳路线只能选择乘坐地铁：地铁6号线转地铁2号线，转地铁1号线，转地铁八通线，最后步行到达目的地，最短用时45分钟，全程14.2千米，步行需2千米，交通转换麻烦。同时乘坐地铁无法观赏沿途风景，无法实现与沿途景观的互动感知，无法实现运河遗产保护对线状区域发展的带动（孙威等，2018）。因此，各个遗产点需要相对便捷的交通方式联系起来，如建立自行车道或在遗产点之间建立慢行交通系统①，解决各个遗产点之间的不连续性问题。

七、运河保护开发中与当地居民互动不足，居民没有实现有效参与

在遗产保护的过程中，当地居民是非常重要的一部分，合理发挥当地居民的

---

① 慢行交通系统指的是把步行、自行车骑行等慢速出行方式作为城市交通的主体，引导居民采用"步行+公交"的出行方式来缓解交通拥堵状况，减少汽车尾气污染，从而营造舒适、安全、便捷、清洁和宁静的城市环境。

作用，对遗产保护与利用将产生非常大的作用。因为当地居民是对当地遗产最熟悉的一群人，他们对于遗产有着最直接的了解与认知，当地遗产以往的历史文化光彩归功于他们的祖辈，而遗产今后的传承也离不开当地居民。事实上，作为当地居民，其本身的文化与历史已经和当地遗产的文化与历史融合在一起。当地居民甚至可以回忆出周边历史上存在过的各种物质和非物质文化遗产，通过口头传述或者记忆流传。争取他们的意见，往往可以对遗产进行更合理的保护。

然而，现在的做法通常是将遗产点周围的居民统一迁走，在周边新建民居并引入新的居民入住（图3-3）。这样的做法会产生两个问题：一是破坏了遗产点周围的原始建筑，新建建筑与文化遗产之间不协调；二是将原来的居民迁走后，当地的风俗习惯也会随之迁走甚至消失，将最熟悉遗产的这批人迁走后，对于遗产的记忆会逐渐淡化，而新入住的居民很显然对当地的历史文化不够熟悉，对于遗产资源的认知程度不够，很容易出现集体记忆的断层，造成历史记忆的丢失。

图3-3 通惠河岸边新建的楼房
资料来源：http://bbs.zol.com.cn/dcbbs/d33511_7254.html

八、运河保护开发缺少整体管理部门和协调机制

运河遗产缺乏统一管理，各管理部门"各管一摊"，各区对于遗产价值的认知存在差异，保护力度和方法也有较大差异，不利于遗产整体保护（万婷婷和王元，2011）。北京大运河贯穿北京六个区，集防洪、排涝、旅游等功能于一体。目前，在市级层面没有一个统一的机构进行总体协调，相关职能分散在水利、住建、环保、国土、文物、旅游等部门，缺乏总体协调和全局谋划。例如，北新

仓、禄米仓现在都是归军委管治，属于部队军产，文物部门不能对其进行开发利用，导致这两个历史遗产未得到有效利用（图3-4）。

图3-4　禄米仓的旧照
资料来源：http://www.sohu.com/a/254592755_391323

九、缺少针对性的法律体系作为依据，不能保障规划有效实施

目前大运河已被列入全国重点文物保护单位和世界文化遗产名录，但是在已有的用于大运河保护开发的法律法规中，绝大部分都是普适性的法律。由于不同地方存在差异性，普适性法律有一定的指导功能，但是不一定适合某一个地点。

针对大运河中特有的法律规划只有《大运河遗产保护规划（北京段）》。这项规划主要针对大运河遗产的保护，缺乏大运河开发利用的相关规定，因此需要建立健全大运河的针对性法律体系。

通过梳理我们发现，目前涉及大运河保护的法律法规和国际文件主要有以下几类。

（1）国家层面的法律。《中华人民共和国文物保护法》（2017年修正）、《中华人民共和国城乡规划法》（2019年修正）、《中华人民共和国水法》（2016年修正）、《中华人民共和国防洪法》（2016年修正）、《中华人民共和国环境保护法》（2014年修订）、《中华人民共和国水污染防治法》（2017年修正）、《中华人民共和国港口法》（2018年修正）。

（2）国家层面的部门规章和条例办法。《中华人民共和国文物保护法实施条例》（2003年公布）、《中华人民共和国防汛条例》（1991年发布）、《中华人民共和国水文条例》（2007年通过）、《中华人民共和国河道管理条例》（1988年发布）、《中华人民共和国土地管理法实施条例》（1998年发布）、《历史文化名城名镇名村保护条例》（2008年通过）、《世界文化遗产保护管理办法》（2006年通过）、《国家级非物质文化遗产保护与管理暂行办法》（2006年通过）、《全国重点文物保护单位保护规划编制审批办法》（2004年）、《中国文物古迹保护准则》（2000年印发）、《全国重点文物保护单位保护规划编制要求》（2004年发布）、《历史文化名城保护规划规范》（2005年发布）、《〈大运河遗产保护规划〉第一阶段编制要求》（2008年通过）、《〈大运河遗产保护规划〉第二阶段编制要求》（2009年通过）、《关于印发〈大运河保护和申遗省部际会商小组工作制度〉及〈大运河保护和申遗2009-2010年工作计划〉的通知》（办大运字〔2009〕1号）、《关于加强大运河保护和申报世界遗产工作的通知》（文物保函〔2009〕939号）。

（3）地方性法规和规章。《北京市文物保护单位保护范围及建设控制地带管理规定》（1987年发布）、《北京市实施〈中华人民共和国文物保护法〉办法》（2004年通过）、《北京市城市河湖保护管理条例》（1999年通过）、《北京市水利工程保护管理条例》（1986年发布）、《北京城市总体规划2004-2020年》（2004年编制）、北京市其他经批准的与大运河相关的专业规划。

（4）国际文化遗产保护相关文件。《保护世界文化和自然遗产公约》（*Convention Concerning the Protection of the World Cultural and Natural Heritage*，1972年通过）、《实施〈保护世界文化和自然遗产公约〉的操作指南》（*The Operational Guidelines for the Implementation of the World Heritage Convention*，2008年，第19版）、《威尼斯宪章》（*The Venice Charter*，1964年通过）、《国际运河遗产名录》（*The International Canal Monuments List*，1996年发布）、《关于文化线路的国际古迹遗址理事会宪章》（*The ICOMOS Charter on Cultural Routes*，2008年发布）、《保护非物质文化遗产公约》（*Convention for the Safeguarding of the Intangible Cultural Heritage*，2003年通过）、《保护和促进文化表达多样性公约》（*Convention on the Protection and Promotion of the Diversity of Cultural Expressions*，2005年通过）、《奈良真实性文件》（*The Nara Document on Authenticity*，1994年通过）。

第二节　长城文化带存在的主要问题

长城文化带所在的区域大部分是山区，区域发展差距较大，生态系统脆弱与贫困交织，资源缺乏整合，导致区域间表现出明显的断裂现象，需要对长城文化带进行整体规划和产业发展引导。

一、遗产保护意识不够，城市建设干预严重

长城自建成以来，既有自然造成的损坏，也有人为的开发性破坏和建设性破坏。由于缺乏长城保护与利用的总体规划，缺乏长城文化抢救专项资金作为支撑，北京大部分长城区域仍然处于自然保存状态，自然风化作用使部分长城损毁，这种损毁使部分长城处于自然消亡之中。根据北京市文物局对长城资源的调查认定和评估，"保存现状较好"的长城人工墙体约占总数的12.3%，"保存现状一般"的约占18.1%，"保存现状较差"的约占18.4%，"保存现状差"的约占27.1%，"已消失"的约占24.1%。

随着社会的发展，大量的城市建设活动向北京市郊扩展，北京北郊很多地段的长城都遇到了如建筑、水利、电力、通信等现代化建设造成的破坏，造成长城区域生态与文化景观的破坏，尤其是特色风貌的丧失。

（1）交通设施对长城的破坏。随着交通事业的发展、过境公路的建设，北京市域内有公路穿过长城的现象，而且公路的附属建筑也时常在离长城很近的位置出现，比较典型的例子就是八达岭长城。八达岭长城关城被110国道从中穿过，严重影响了长城古代军事文化氛围的展示效果。由于关城城门很窄，仅能容纳一辆车通行，在车多的时候，游人与车混杂在一起，十分不安全，而且时常会出现关城条石被过关车辆破坏的情况（图3-5）。

图3-5　过境公路对长城关城的影响
图片为作者拍摄

（2）水利设施对长城的破坏。兴修水利是利国利民的事情，但由于之前没有制订对长城实施保护的计划，产生了许多长城被淹、被水隔断的现象，长城原有的自然环境被破坏，长城本体受到威胁，比较典型的例子是密云的司马台长城。20世纪60年代修建的水库（现称鸳鸯湖）将司马台关城淹没，在水库东西两侧留下两座残破的敌楼。又如，怀柔境内的大水峪长城，其大部分城墙由于修建大水峪水库而被淹没。

（3）工业发展对长城的破坏。北京地区的长城大多分布在崇山峻岭之间，而随着地质勘探的发展，矿山资源越来越受到重视。随着不加控制地对矿山资源进行开采，甚至是开山炸石，不可避免地对长城所处的山体造成破坏。随着人们文物保护意识的提高，此类现象少有发生，但对山体已经造成的破坏却很难恢复。

（4）电力通信建设对长城的破坏。明长城北京段大多分布于燕山山脉和太行山山脉的余脉上，沿山脊顺势蜿蜒，许多电力与通信设施的位置选取也与某些段长城的位置相冲突。凌乱的电线杆、高高的输电塔出现在长城周边，破坏了长城的天际线，使长城的军事氛围、生态环境遭到破坏（图3-6）。

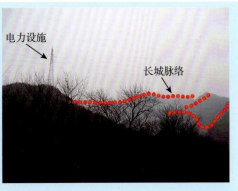

图3-6　电信信号塔与长城
图片为作者拍摄

（5）房地产开发和建设对长城的破坏。一些房地产商为追求噱头、卖点，将住宅、娱乐场所建到长城附近，对长城的保护、展示造成破坏，产生了不良影响。

二、资源缺乏统筹整合，交通连接不通畅

北京市域范围内已开放的明长城展示点主要分布在北京北部和西部，展示点密度较高；较少分布在北京的东部，展示点密度较低。因此，从展示点的开放数

量上讲，明长城北京段的展示资源在空间分布上不均匀。

北京北部和西部集中了知名度较高的八达岭长城、居庸关长城、慕田峪长城等，吸引了大批游客前来游览，给长城展示资源造成压力。目前明长城北京段的展示开放点之间缺少横向联系，只与北京市区建立纵向联系，彼此独立，交通独成一体，没有形成北京段明长城的整体展示利用体系，即使相距很近的展示点之间也缺少交通联系。例如，八达岭长城与水关长城之间，虽然距离很近，但两个景点之间的交通工具只能依靠自驾，没有公共交通，使得大部分游客在游览完八达岭长城后，不能到距离很近的水关长城游览，这样游览者在一段时间内在同一景点过度集中，不仅会对展示资源产生很大压力，而且会使旅游者的游览满意度下降。

三、长城空间断裂明显，缺乏整体性

若考虑到经济、社会、环境等因素，长城就不仅仅是历史文化的载体，更是一个实践性较强的区域发展问题。由于受到行政区划、经济利益、开发资金和法律法规等因素的限制，长城旅游资源的开发利用缺乏统筹，点、线、面的连接明显失衡。由于长城贯穿北京市6个区34个乡镇，北京市人民政府没有设置长城协调管理的主管部门，加上管理权、利益分配等多方面因素的影响，各区之间在某些景区的整体开发上很难达成一致意见，有些旅游项目被人为地一分为二开发建设，道路等基础设施建设不配套，旅游景区的点、线、面连接受阻，旅游资源得不到有效整合，限制了长城区域的旅游开发。同时，北京市域内的长城有1/3左右处于天津、河北的交错地带，而且部分又是相邻两个省市的分界线，受行政区划的影响，人为地将长城割裂开来，引起矛盾和冲突。

四、开发利用方式与遗产本身不协调，存在矛盾点

2000年以来，保存状况较好的长城周边被开发的项目越来越多，北京市域长城所经过的6个区除了门头沟区以外，延庆、昌平、怀柔、密云、平谷等区都通过合作开发的形式，利用长城的知名度开辟出一些新的旅游景点。但是这些旅游景点内新建的服务设施与长城景观并不协调。除了商业设施外，各种与长城旅游无关的游戏娱乐设施也搬到长城脚下，如熊乐园、野生动物园、游乐场等，与建设长城旅游区的初衷——让游客体验长城古军事文化氛围和生态民俗气氛背道而驰。

与长城密切相关的城堡旅游发展也很迅速，有些城堡型村庄的农民将自己

的住宅改建成农家院、小旅馆，在装饰装修风格、整体氛围协调上并没有统一规划，造成对城堡内和周边自然环境与文化氛围的破坏，甚至会对与之联系紧密的长城在整体风貌上产生破坏。

五、公众参与意识淡薄，原住民利用方式不佳

长城的游览主体是人，和长城接触最近的也是人，所以长城的展示利用与保护离不开公众的参与，培养公众的文物保护意识是至关重要的。公众的长城保护意识提高了，长城的保护与展示都会受益。从北京明长城展示点游人行为来看，公众参与长城保护与展示的意识还很薄弱。对于长城附近的村庄，绝大部分采取的改造方式是整村搬迁，而有一些地处深山区的乡村，由于基础设施建设滞后，经济发展水平较低，虽然有长城的依托，但也无法得到发展，尤其是在新农村建设过程中，主导产业选择与长城旅游缺乏有效衔接，村民不仅对就业致富缺乏信心，而且对长城的保护也是看之任之（表3-2）。

表3-2　八达岭镇"十三五"期间新村及农村社区建设规划一览表

村庄名称	改造方式	改造进度
东沟村	整村搬迁	完工
岔道村	整村搬迁	完工
石佛寺（三堡）	整村搬迁	扫尾
大浮坨村	就地改造	在办理手续
小浮坨村	整村搬迁	在建
帮水峪	整村搬迁	尚未开始实施
石峡	整村搬迁	尚未开始实施
外炮	就地改造	尚未开始实施
东曹营	整村搬迁	尚未开始实施
西拨子	就地改造	尚未开始实施

北京市域内的明长城大多修建在山区，经济发展水平相对较低。当地居民的文物保护意识淡薄，为了生活，不可避免地会砍伐树木，对长城造成一定程度的破坏。如果规划得当、政策合理，长城旅游经济得到发展，当地居民会从中受益，提高生活水平，居民的长城保护意识也会跟着提高，自然而然地会参与到长城保护与管理中来，形成长城旅游资源可持续发展的良好局面（表3-3）。

表3-3 八达岭镇"十三五"末新型农村社区及支撑产业一览表

社区名称	包含村庄	支撑产业
八达岭社区	营城子村	滑雪场、八达岭山庄、规划老村的养老产业
	程家窑	无
	南园村	清凉盛景别墅区项目
	东沟村	野生动物世界、古长城景区
	石佛寺(三堡)	长城脚下公社、探戈舞音乐谷、华人怀思堂及老村规划的乡村酒店项目
	东曹营	项目待定
	西拨子	镇政府所在地,项目待定
石峡关社区	里炮	果品产业、八达岭公墓
	帮水峪	濒危果品产业
	石峡	石峡乡村酒店项目及部分果品产业
	外炮	八达岭开发区占地
岔道小浮坨社区	岔道村	岔道古城开发项目
	小浮坨村	蔬菜大棚、花卉大棚、小杂果及杂粮
大浮坨社区	大浮坨村	高铁占地补贴、果品产业

六、长城管理部门缺乏沟通,未能实现良性互动

如今长城旅游已经成为国家和地方各级政府部门保护长城的重要手段之一,对于北京来说,长城旅游俨然成了北部地区经济发展的重要推动力,以旅游促发展,以长城旅游促长城保护已经成为长城所在地的重要指导方向。目标是实现旅游业带动区域经济发展,但是仍然存在如下问题:一是北京市域内的明长城展示旅游区大多由各自独立的机构管理,相互之间缺少联系沟通;二是文物部门很少能直接参与长城保护与展示利用管理,出现"重利用,轻保护"现象,造成有些展示点的展示利用超负荷运作。长城展示利用固然能得到一定的经济收益,但是要想长久发展下去,必须重视长城保护,加大文物部门在长城展示利用管理中的作用,加强各区在长城管理上的协调互动。

七、法律法规不全面,缺少整体规划

我国历来重视长城的保护工作,国家文物部门、地方各级人民政府、国内与

国际的民间组织积极投入长城的保护工作。《北京市长城保护管理办法》和《长城保护条例》分别于2003年和2006年颁布实施，标志着我国长城保护有了切实的法律依据。其他涉及长城保护的法律法规还有《中华人民共和国文物保护法》、《中华人民共和国文物保护法实施条例》、《中华人民共和国环境保护法》和《全国重点文物保护单位保护规划编制要求》等。

虽然相关规划均对长城的展示利用起到有力的支撑作用，但是这些规划还没有跳出"就长城保护而保护"的范围，至今还没有进行长城区域保护与利用的总体规划，导致长城区域所在乡村以长城旅游为龙头的乡村旅游开发缺少依据。缺乏长城区域保护与利用的整体规划，造成长城沿线乡村旅游资源难以统筹整合和优化布局，因此要建立相关的法律法规及整体规划来对长城区域进行整体保护。

八、长城文化带品牌特色不足

长城是一种特有的文化品牌，长城的历史典故、建筑艺术、人文精神等共同构筑了长城的文化内涵。然而目前长城旅游往往注重外观层面的开发，文化内涵挖掘不足，既不能深刻揭示长城的文化底蕴和内涵，又没有形成长城的旅游商品特色。目前，北京长城区域的旅游产品仍以观光为主，停留时间短，缺乏独具特色的休闲度假旅游产品，缺乏长城特色。

第三节　西山文化带存在的主要问题

西山文化带不仅将海淀区的"三山五园"全部纳入其中，还增加了"大西山"部分区域和北京旧城的长河历史文化廊道。西山文化带所拥有的资源丰度和品位在全市少有，具有良好的旅游发展基础，但整体建设和提升亟须突破瓶颈，而且伴随着城市化的快速发展，区域内原始的整体格局已经破碎，呈现出"孤岛式"的发展趋势。

一、部门管理复杂，缺少有效的沟通协调

区域内文物的管理情况复杂，各级各类文物的产权单位和管理使用单位既有市区所属机关、企事业单位，又有中央机关、部队、村集体和个人。由于产权分散，缺少统一管理、统一规划，许多文物没有得到有效的保护和利用。市区政府

和旅游、交通、市政、农业、林业、文物等各部门对这一区域的投入力度不断加大，但由于缺少有效的协调沟通和整体规划，各方面的工作被行政区划分割，无法达成整体保护利用，难以发挥最大效益（表3-4）。

表3-4 西山文化带主要公园的管理单位

园林名称	管理单位	园林名称	管理单位
圆明园	北京市海淀区圆明园管理处	中国科学院植物园	中国科学院
颐和园	北京市公园管理中心	西山林场	北京市园林绿化局
香山公园	北京市公园管理中心	海淀公园	北京市海淀区园林绿化局
北京植物园	北京市公园管理中心	—	—

目前，西山文化带的各个园林的管理单位各不相同，由于管理体制特点，大量封闭单元各自为政，政府部门之间在文化遗产保护与利用上缺少有效的协调途径，文化遗产的利用常被行政区划分割，部门之间缺乏协同机制，难以形成管护合力。例如，在推行农村住宅保温、抗震改造的惠民措施时，忽略了传统村落的景观保护问题，致使传统风貌遭到破坏。

二、文物闲置严重，文化资源利用效率不高

据北京市文物局统计，在西山文化带共有不可移动文物463处，地下文物埋藏区3处，历史文化保护区3处，优秀近现代建筑5处，传统村落3处，世界遗产1处，中国农业文化遗产1处，还有33项非物质文化遗产（表3-5）。

表3-5 西山文化带内文物数量（单位：处）

区域	国保	市保	区保	普查项目	总数
海淀区	13	18	85	122	238
门头沟区	5	3	25	91	124
石景山区	2	12	7	42	63
昌平区	0	0	13	20	33
西城区	1	0	1	3	5
总数	21	33	131	278	463

注：国保指全国重点文物保护单位，市保指北京市级文物保护单位，区保指北京区级文物保护单位

但是这些文物权属关系复杂，文物建筑的管理使用单位涵盖了军队、中央机关、宗教团体、企事业单位、村集体、个人。由于缺少有效的管理机制，所有者各行其是，许多文物建筑或破败弃用，或使用者抵制政府维修，或修缮后闲置不用，造成文化遗产资源浪费。目前，未开放文物项目约占文物项目总量的85%①。

三、地名面临消失，非物质文化遗存急需保护

"三山五园"地区的地名起源有两种：一种是起源于军队驻扎营地，如乾隆十二年（1747年）为平定大小金川，八旗军兵在西山脚下扎营演练山地战术。现在很多村庄名皆有"营"字或以八旗名字命名，最早起源即可追溯于此。另一种是起源于已不可考的历史传说，如颐和园东南的六郎庄村，相传为南宋抗金名将杨延昭养伤的地方，与之呼应的还有挂甲塔村，另外还包括"三山五园"地区北部的亮甲店村、东北旺村、西北旺村、韩家川村，村名皆源自南宋抗辽的战争故事。随着城市的扩张和新农村建设，目前"三山五园"地区的村庄面临着翻天覆地的变化。很多村庄将不复存在，村名毫无疑问也将消失。如何将这些地名及地名背后的文化积淀保留下来，将是西山文化带建设面临的一个艰巨任务。

四、整体格局破碎，受区域发展影响较大

历史上的"三山五园"地区是大片的山林田园景观，仅有少量的村落散布其间，随着城市化的快速推进，绿地面积大幅减少，现有绿地面积4 114.7公顷，占"三山五园"总面积的60.1%。随着城市快速扩张和水资源枯竭，地区中部的河流陆续断流，地区应呈现出的总体山水意境消失。现仅存西山、玉泉山、皇家园林等几处大型绿地斑块，很多绿地成为被割裂的孤岛。另外，随着时代的推移和城市建设，与皇家园林密切联系的服务区域、赐园、驻军地、村落、古镇等信息遗失。

现代交通设施的发展，导致串联遗产的历史道路、历史水系脉络遗失，文化遗产之间的联系也被现代城镇设施阻断，如北五环、万泉河高架桥隔断了颐和园与西山、颐和园与圆明园的历史脉络联系（图3-7）。

---

① 数据来自北京市文物局内部资料。

图3-7 隔断颐和园与圆明园之间联系的高架桥与交通设施
图片为作者拍摄

五、园外品质较低，公园内外落差巨大

"三山五园"内的风貌品质较好，保护完整，但园外存在大量与主导功能不符合、不配套的功能，不但削弱了世界文化遗产的作用和价值，而且引发大量低端产业和流动人口聚集，带来了沉重的城市运行压力。

"三山五园"地区在历来的城市总体规划中均以历史文化、旅游游憩、科研教育、生态功能为主，但目前核心区内仍然存在大量城中村并衍生出较大规模的零售、批发、仓储，甚至是工业功能，挤占了主导功能的空间，严重影响文化区环境。园外景观品质较低，绿化建设以郊野公园、苗圃等类型为主，景观缺乏特色和吸引力。湿地面积萎缩，水稻田园风光不再，与历史盛期风貌差距很大。

六、景区各自建设，"孤岛式"发展

长期以来，西山地区的旅游发展始终是以颐和园、圆明园、香山等几个景区进行"孤岛式"建设，相对独立、各自发展，形成了文化孤岛，即景区内部文化氛围浓郁，而景区之外则没有相应的文化体现。这使得游客过度集中在几个景区，没有外部景区舒缓的余地。

七、产业发展缓慢，发展方向不明

"三山五园"地区最核心的资源主要有两种：一是旅游资源，是以皇家园林为代表的高超的传统造园艺术、建造技术的集中展示，区域内的颐和园是北京市最重要的三大旅游目的地之一，又是世界文化遗产，具有非常高的影响力和号召力；二是文化资源，是指与皇家园林相关的诗歌、文章、字画、雕塑和家具等卓越的历史文化集成。

目前，"三山五园"地区缺乏总体的旅游发展规划，旅游产业尚处于起步阶段，旅游服务设施规模小、档次低，无法形成有规模的旅游服务区，也没有成型的旅游线路，无法满足不同游客的需求。在文化产业方面，如何保护与利用"三山五园"地区丰富的历史文化资源，扩大地区的文化影响力，是"三山五园"地区文化产业发展急需回答的重要问题。目前，"三山五园"地区尚无明确的文化产业发展规划，应结合自身优势，尽早确定产业发展方向，并在未来的经济发展中予以重点扶持。

八、文物类型繁杂，发展限制因素较多

西山文化带内部的文物类型较多，要遵守的要求也较多，如世界文化遗产保护要求、文物建设控制要求、绿化隔离地区政策要求、军事禁区管治要求以及南水北调调蓄池保护要求、京密引水渠保护要求等。"三山五园"地区有国家级、市级文物10余处，文物建设控制要求严格，文物建设控制区范围较大；未来还将建设南水北调调节池，与现在的京密引水渠连接，水源保护区的范围大，控制要求极为严格；西北部还有军事限建区。三者叠加后，地区可建设用地规模小且开发强度低。

第四节　三条文化带的问题总结

总体上看，运河文化带、长城文化带、西山文化带在保护发展过程中面临着一些共同的问题。

一、整体性保护措施不足

三条文化带都面临着文物古迹和文化资源保护的紧迫问题，运河文化带对运河遗产的认识不全面，导致运河遗存文物之外的非物质文化遗产和运河周边景观遭到极大破坏，使得运河文化遗产丢掉了连续性和整体性这种最具优势的特征。长城文化带需要保护的不仅仅是长城，更重要的是长城沿线的

景观，目前交通、水利、工业、电力、房地产等建设都对长城景观造成了破坏。西山文化带中几个公园内部的保护非常好，但公园之间的协调和公园外部的景观差距过大，严重影响整个西山文化带的发展质量。产生这些问题的一个重要原因就是对这些带状区域的整体性保护措施不到位。如何全面认识文化带内的文物古迹和文化资源？不同级别的文化资源应该采取什么样的差别化保护途径？如何协调好文物保护和文化带区域城镇化进程、产业发展的关系？只有回答好这些问题，才能真正保护好文化带、促进文化带的可持续发展。

二、一体化发展思路不明

虽然目前认识到了历史文化遗产对北京发展的重要性，并在北京市"十三五"规划纲要中提出着力建设全国文化中心，推进区域文化遗产连片、成线保护利用，但对三条文化带的保护利用的一体化发展思路并不明确。三条文化带的文化内涵、内容形式、保存现状、面临问题、发展环境、发展阶段、社会需求等都存在差异，需要针对文化带的特征制定专门的文化带保护利用规划，明确文化带一体化发展的总体思路和利用措施，才可以在文化带发展的过程中有章可循、有的放矢、有路可走。而不是内部严格保护、风景绝佳，外部私搭乱建、品质低下，整体发展质量不高。在有效保护文化资源之后，首先应加强多方面、多学科、多领域研究，明确一体化、整体性发展的思路和方向，这是未来可持续发展的基础。

三、全局式管理方式不畅

由于三条文化带的时空范围界定不一，各个文化带内部的文物繁多、权属问题繁杂、管理方式繁乱，三条文化带均存在跨部门、跨地区的管理形式，而且各个管理部门之间缺乏有效的沟通，部门之间各自为政的现象严重。在保护方面，产权分散，缺少统一管理、统一规划，就会导致许多文物单位没有得到有效保护和利用，如长城文化带个别景点的超负荷运载，西山文化带的文物古迹年久失修等。在利用方面，缺少有效的协调沟通和整体规划，各方面的工作被人为要素分割，部门之间缺乏沟通、互相干涉，导致文化带内部文物无法达成整体保护利用，难以发挥最大效益，如西山文化带的禄米仓、北新仓，由于文物部门和军事部门沟通不足，两处文物尚处于闲置状态，没有得到有效利用。文化带的建设是一项整体性和系统性工程，因此在管理上应该统一进行，各部门之间应该保证沟通畅通或者建设专门化的机构进行统一管理，充分协调好文物、军事、旅游、园林等相关部门，力求各部门之间形成合力（唐剑波，2011）。

四、连通性旅游道路不顺

文化带在本质上是数个具有相同文化内涵的文化点连接成的带状景观，这里的连接可以有两个层面的理解：一是通过旅游道路直接连接各个文化点，是一条实体带；二是通过文化的联系而形成的概念带。无论是哪种方式理解的文化带，都需要良好的道路连通性作为支撑，否则就会出现文化带的断裂。运河文化带中遗产点状资源可达性差，相邻的文化点之间交通不畅，若采取公共交通出行，需要进行多次换乘，十分不便。长城文化带中如八达岭长城与水关长城之间虽然距离很近，但两个景点之间的交通工具只能依靠自驾，没有公共交通，导致大部分游客被迫只能选择一个景点进行游览，造成资源浪费。西山文化带中几个著名的景点，如颐和园、圆明园、香山等景区目前进行"孤岛式"建设，相对独立、各自发展、互不联系，缺乏整体的文化氛围。因此，在文化带的规划和建设中需要考虑文化点之间的连通性，如增设慢行系统、公共交通等。

五、居民参与式活动不足

一个地方的原住民是对这个地方的文化与历史最熟悉的一批人，文化带建设的主要目的是文化的传承，因此在这一点上，原住民的参与十分必要。但是目前三条文化带的建设中，原住民参与的力度并不大。不论是运河文化带、长城文化带，还是西山文化带，均存在为建设景区而迫使原住民迁移的现象，如玉河故道遗址公园的建设，将原运河两岸的居民统一迁走。长城文化带中的许多村子绝大部分采取的改造方式都是整村搬迁，而有一些地处深山区域的乡村由于基础设施建设滞后，经济发展水平较低，虽有长城的依托，但也无法得到发展。西山文化带中随着城市的扩张和新农村建设，很多村庄已不复存在，村名毫无疑问也面临消失危机。在这一点上，原住民若被迁走不能参与到文化带的建设当中，则当地的风俗习惯也会随之迁走甚至消失，对于遗产的记忆就会逐渐淡化，出现集体记忆的断层。如果原住民能够得到政策的扶持，积极参与文化带的建设，就会使文物得到合理保护，也能够真实且完整地展示当地的文化内涵，同时还能够解决当地的经济发展问题，实现良性循环。

六、系统性规则制度不全

目前，三条文化带在法律法规层面的建设不够全面和系统。三条文化带都有针对自身遗产保护的法规，但是都缺少规划利用的制度安排。例如，大运河中特有的法律规划有《大运河遗产保护规划（北京段）》，但是在这项规划中，主要是针对运河遗产的保护，对于运河的开发利用的相关规定较为缺乏；长城文化带中制定的相关规定有《北京市长城保护管理办法》和《长城保护条例》，虽然有关文物保护的相关法律对长城的保护起到有力的支撑作用，但这些规划只是线性保护规划，至今还没有进行长城区域保护与利用的总体规划，导致长城旅游产业开发缺少依据。因此，需要有关部门制定相关规划，补充三条文化带中对于利用方面的制度规定，实现文化带的整体建设、保护、规划与利用，真正做到有法可依、有章可循。

第四章　国外河流型遗产地保护发展的案例研究

世界上任何一个国家都有着自己绚烂多彩的文化，但是文化资源大国并不意味着一定是文化强国。文化强国特指那些能够很好地保存和创造优秀文化的国家。这些国家在文化遗产保护和文化带建设中进行的积极探索和有益尝试不仅为自身带来了丰厚的回报，而且为我们提供了借鉴和启示，如法国、加拿大、英国、美国、日本等国就是在文化遗产保护和文化带建设方面成绩斐然的国家。尽管这些国家依照各自的国情所采取的具体策略各有侧重，但一些带有普遍意义的成功经验对北京市文化遗产保护和文化带建设具有宝贵的启示作用。

第一节　世界遗产分类与国外研究趋势

世界遗产是指被联合国教育、科学及文化组织和世界遗产委员会确认的人类罕见的、目前无法替代的财富，是全人类公认的具有突出意义和普遍价值的文物古迹及自然景观。截至2018年7月，世界遗产地总数达1 092处，分布在世界167个国家。

一、世界遗产分类

根据形态和性质，世界遗产分为文化遗产、自然遗产、文化和自然双重遗产、记忆遗产、文化景观遗产、人类口述和非物质文化遗产。其中，非物质文化遗产是指被各社区、群体，有时是个人，视为其文化遗产组成部分的各种社会实践、观念表述、表现形式、知识、技能以及相关的工具、实物、手工艺品和文化场所。

国际文化遗产保护领域提出了线性文化遗产（lineal or serial cultural heritage）的概念，它是指在拥有特殊文化资源集合的线形或带状区域内的物质的和非物质的文化遗产族群，往往出于人类的特定目的而形成一条重要的纽带，将一些原本不关联的城镇或村庄串联起来，真实再现了历史上人类活动的移动，物质和非物质文化的交流互动并赋予作为重要文化遗产载体的人文意义和文化内涵（阮仪三和丁援，2008；陶犁和王立国，2013）。线性文化遗产是由文化线路（cultural routes）衍生并拓展而来。文化线路以及相近的遗产廊道（heritage corridors）、文化廊道（cultural corridors）、历史路径（historic pathway）、线状遗迹（serial monuments and sites）等遗产概念都强调空间、时间、文化等因素，强调线状文化遗产中的各个节点共同构成的文化功能和价值以及至今对人类社会、经济可持续发展产生的影响。在此基础上形成的线性文化遗产的理念和保护研究也逐渐成为国际文化遗产保护领域关注的热点（单霁翔，2006）。

线性文化遗产的特征包括以下几方面。

（1）线状或带状的文化遗产区域，范围大，包括的遗产种类多，反映的人类活动形式丰富。既有地域的特点，又有相互交流和交融积淀的历史。

（2）尺度较大，可以指跨越众多城镇的一条水系的整个流域，也可以指贯穿很多国家的某条贸易之路。

（3）承载物质与非物质文化遗产的联系与变化，相互影响与交流，构成文化带上文化遗存的共性与特性、多样性和典型性，衍生出丰富多彩的面貌和内在的密切关联。

（4）涉及巨大的经济价值和复杂的自然生态系统（单霁翔，2006）。

线性文化遗产的形式和内容多样，其中河流、运河、峡谷、道路及铁路线都是重要表现形式，大多代表了早期人类的运动路线，并体现着地区文化的发展历程，如从早期的利用河渠运输，逐步发展到修建运河、公路及铁路。带状绵延的长城及其周边的附属建筑、城堡、关塞等，也属线性文化遗产（李伟和俞孔坚，2005）。鉴于此，本书将运河文化带和长城文化带都作为线性文化遗产，西山文化带作为山岳型文化带。限于篇幅的原因，我们将长城文化带放到山岳型文化带一章。相对于山岳型文化带，运河文化带属于河流型文化带。

二、国外研究趋势

遗产保护起源于欧洲，1790年法国国民议会设立了遗产保护机构，列出遗产清单，截至2013年法国已有4.4万座列入国家遗产保护名单的建筑物和26万件列入该名单的文物，共有104个国家文化遗产"保护区域"和678个建筑及景观领域的国家级"保护区域"。为了更好地在人们心中树立遗产意识，1984年法国人创建了首个文化遗产日（每年9月的第三个周末）。遗产概念从一国走向世界，联合国教育、科学及文化组织功不可没，1972年在巴黎举行的联合国教育、科学及文化组织大会第17届会议倡导并缔结了《保护世界文化和自然遗产公约》，这是人类文明进步历程中的一个重要里程碑。从1972年联合国教育、科学及文化组织通过《保护世界文化和自然遗产公约》以来，国外尤其是欧美国家和亚洲的日本、韩国在研究遗产方面取得了长足进步。

（一）遗产保护的内涵和外延不断拓展

从保护宫殿、寺庙、教堂等建筑艺术品，发展到保护传统民居、作坊等反映传统人类生活方式的普通历史建筑；从保护单体的文物建筑到保护建筑群及其周围环境；从保护历史名街到保护历史名城；从保护有形物质文化遗产到保护口头非物质文化遗产（陈金华等，2007）。1972年联合国教育、科学及文化组织倡导并缔结了《保护世界文化和自然遗产公约》，1979年实施《世界遗产名录》项目，为了保护非物质文化遗产，2003年10月17日，联合国教育、科学及文化组织在第32届大会闭幕前通过了《保护非物质文化遗产公约》。

（二）遗产保护研究的自然与环境转向

重视自然遗产的生物多样性、生态健康、特殊物种栖息地的保护，重视文化遗产价值的自然科学解释。全世界的遗产资源绝大部分是文化遗产类，自然遗产类较少，这种情况引起联合国教育、科学及文化组织和不少国外学者的担心，联合国教育、科学及文化组织要求成员每年申报世界遗产时不得超过两项，其中至少有一项是自然遗产。目前，遗产研究的自然、生态倾向已经凸显出来，Moss等（2005）认为，要关注自然遗产，如澳大利亚大堡礁的影响因子研究，制定了自然化学成分压力指标和生物条件指标，这些指标能解释自然遗产的健康状况。

（三）重视非物质文化遗产的保护与利用

尤其要重视少数民族原生性的文化遗产保护，如语言。这一方面，日本与韩国走在了前面。日本文部科学省规定，小学生在校期间必须观看能剧一次；日本官员均以能剧、歌舞伎、狂言等传统艺术招待外宾；多数乡村设有自己的民俗博物馆。韩国对重要无形文化遗产进行统一编号，如江陵端午祭和祭日演出的假面戏就被政府认定为"重要无形文化遗产第13号"，记录在案。当地每年都举办盛大的旅游活动，使这一非物质文化遗产转化为巨大的文化产业，"重要无形文化遗产第13号"也成了价值连城的品牌。

（四）重视不同利益共同体对遗产的态度和行为研究

西方国家重视在遗产监督管理中鼓励、确保公众的参与，重视遗产地及其周边不同利益主体协调行动。McPherson（2006）认为，博物馆除了要及时转变传统教育、保护的职能，重视旅游、休闲的功能，还要注意协调不同利益主体之间的关系。

第二节　加拿大里多运河的经验借鉴

里多运河是加拿大安大略省东南部的一条运河，连接渥太华河畔的渥太华市和安大略湖滨的金斯顿市。

运河起自渥太华的西南面，溯里多河而上到达里多湖，再取道卡塔拉奎河进入安大略湖，全长202千米，有47座船闸。其实，真正人工开挖的部分只有19千米，其他部分就是对里多河原有航道进行整修，疏浚河道，修建闸口。

在运河开挖初期（19世纪初），英国人采用"静水"技术避免了大量挖掘工作，并建立了一连串的水库和大型水闸，将水位抬高到适航深度。目前是北美保存最完好的静水运河，是唯一一条开挖于19世纪初期北美大规模兴建运河时代、流经线路至今保持不变、绝大多数原始构造完好无损的运河。2007年被联合国教育、科学及文化组织授予世界遗产称号，成为加拿大的第14个世界遗产地。

一、价值功能演替：运河主导功能从军事战略转向商业运输再到旅游休闲

兴建于19世纪初，在英美两国争相控制这一区域之际，为军事目的开挖了这条运河。本来，从蒙特利尔到金斯顿，通过圣劳伦斯河连接十分便利，但圣劳伦斯河却是加拿大和美国共有，河的南岸是美国的地盘。这样，从大后方蒙特利尔到战争前哨金斯顿的物资和人员运输河道，就很容易被美军切断。里多运河的修建，连通了渥太华和金斯顿。这样，蒙特利尔的物资就可以通过渥太华河运到渥太华市，再通过里多运河直达金斯顿，避开了美军的威胁。

里多运河是专为蒸汽船开挖的运河之一，防御工事群是它的一个特色。运河上建有6座"碉堡"和1座要塞，后来又在多个闸站增建防御性闸门和管理员值班

室。1846~1848年，为了加固金斯顿港口的防御工事，建造了4个圆形石堡。里多运河见证了为控制北美大陆发起的战争，具有重要的历史价值。里多运河的防御工事群成为运河遗产重要的文化景观组成部分。

里多运河东达大西洋，西通北美洲的五大湖地区，运河上建有47个石建水闸和53个水坝，作为商业及战略的重要通道，起重要的货物、人员运输作用（图4-1）。里多运河在建成后的一段时间内，特别是战争结束后，发挥着重要的内河商业运输功能。

图4-1　里多运河上的水闸

20世纪70年代后，里多运河航运功能逐步被现代公路、铁路运输所取代。里多运河在申遗之前的很长一段时期内已经不参与实体经济运行，因而保存得十分完好。当年运河上的水闸、水坝等石砌工程现在成为历史文物。里多运河是著名的观光游览水道，为该区域居住环境改善和旅游业发展做出了巨大贡献。

二、廊道景观策略：注重保护的十项原则与偏向可持续发展的八项目标

以加拿大公园管理局为主导，里多运河沿河的各地政府和广泛的非政府组织团体联合组建了促进里多运河保护和发展的组织。2007年里多运河被认定为世界遗产后，该组织逐渐成为一个良性发展的团体。2008年加拿大公园管理局制定了里多运河廊道景观策略（Rideau Corridor Landscape Strategy）并建立了一个包含环境、文化、农业、乡村与食品、住房与市政、自然资源、矿山与旅游众多部门

在内的省级工作小组，对里多运河进行整体性保护利用。

里多运河的保护利用主要遵循廊道景观策略，其主要观点体现在十项原则和八项目标里面。

里多运河是国家历史性场所、世界遗产地和加拿大遗产河流。为了得到更好的发展，加拿大公园管理局设计了十项原则作为保护行动的基本依据。这十项原则体现了运河保护的整体性、全面性。

（1）理解景观特征。包括滨河的地形地貌、岩石、高地和低地的森林、古村落及城市地区（图4-2）。充分理解不同地点的景观特征将影响运河未来的发展。

图4-2 里多运河景观掠影

资料来源：http://bj.lxw365.com/guide/13140.html

（2）保护湿地。湿地是运河最重要，也最敏感的自然资源之一（图4-3）。湿地的减少将导致自然资源、水质、娱乐活动、教育、文化景观价值和品质的降低。重要湿地的保护级别应当是最高的，开发行为应当降到最小。

图4-3 里多运河周边湿地

资料来源：http://blog.sina.com.cn/s/blog_67c83dcf0100tjje.html

（3）维护自然岸线。自然岸线有助于保持景观特征，减少水土流失和土壤侵蚀、减少沉积，为鱼类和野生动物提供栖息地，通过野生的树木、灌木、草、水生植物软化岸线、复活岸线，避免水泥等硬质岸线和干草岸线（图4-4）。

图4-4　里多运河自然岸线

资料来源：http://www.tuniu.com/tour/210138994

（4）开发建设行为缓冲区。须从河岸起划定30米的缓冲区，禁止开发建设行为，必要时缓冲区范围可以更大（图4-5）。

图4-5　里多运河两岸缓冲区

资料来源：http://blog.sina.com.cn/s/blog_67c83dcf0102wtaf.html

（5）保护自然植被。准确定位新建筑、小径、车道、草坪和化粪池，以避免对自然植被的影响，保存植被的天际线效果（图4-6）。

图4-6　里多运河自然植被保护

资料来源：http://blog.sina.com.cn/s/blog_67c83dcf0100tkbu.html

（6）保留历史建筑和文化特征。历史建筑、房屋、谷仓、围墙和其他表现
运河历史文化特征的景观要素应当被保存、再利用和发展新的用途（图4-7）。

图4-7　里多运河两岸历史建筑文化景观

资料来源：http://travel.qunar.com/p-oi4431337-lidouyunhe

（7）适宜的建筑设计。对新建筑进行细致设计，以对原来的运河景观特征
影响最小为原则。建筑的尺度、形状、材料、颜色都是重要的方面，应当与周边
景观相协调，建筑应当不引人注目，并且被周围的树木所荫庇，新建筑应当面向
运河建设，不能背向运河（图4-8）。

图4-8　里多运河两岸的建筑设计

资料来源：http://blog.sina.com.cn/s/blog_924cd889010101rj.html

（8）最小影响的运河船坞设计。船坞、码头的出入口和船库应当尽量减少对鱼类、野生动物、自然岸线的影响。大小、保护方法、材料都是重要的方面。加拿大公园管理局的水下和岸线工事政策（In-Water and Shoreline Works Policies）提供了具体的指导原则。浮动船坞都胜于固定船坞，水上的结构不得影响运河上的航行（图4-9）。

图4-9　里多运河的船坞设计

资料来源：周珊（2013）

（9）运河排污最小化。避免直接向运河倾倒包括废水、垃圾和多余井水，以保证运河水质、减少对运河鱼类生物圈的影响，避免藻类大量繁殖，建设洼地、沟渠或干井促进周边土壤的渗透。

（10）寻找更多的建议。运河和邻接土地的所有发展活动都应当服从规章，受到当地市政府、加拿大公园管理局、当地保护机构的支持并向所有专家寻求更多的建议和指引。

里多运河管理规划的八项目标也体现出对运河的可持续利用思想，并提升到区域发展和文化营造层面。

（1）加拿大人、旅游者把里多运河当作国家的标志来爱惜它，并以为后代保护好这一国家财富贡献力量而自豪。

（2）这一文化和自然资源在加拿大公园管理局的管理下得到保护，满足当代和未来人类的需要。

（3）运河廊道内的居民与政府一起合作，保护好运河廊道的独特优美的文化和自然遗产特点及景观。

（4）保持和维护好运河作为航行的历史水道的传统功能。

（5）里多运河是一个有价值的旅游和娱乐资源，有利于安大略省东部经济的可持续发展。

（6）运河廊道各旅游组织一起工作，共同促进里多运河成为一个设施完善和质量较高的独特的文化遗产体验的旅游线路。

（7）里多运河的价值得到充分展示，得到更多的理解和赞赏。

（8）运河的工作人员以管理运河而感到自豪，通过他们的行动在遗产保护、可持续利用、展示方面体现他们的管理能力。

三、分区保护管治：划分了严格保护的核心区、限制建设的缓冲区、外围的环境协调区，注重廊道内的居民参与管理

在遗产保护管理行动上，加拿大公园管理局划定了核心区与缓冲区，负责监督管理运河建筑和工程构造物，保持历史肌理，保证安全与合理使用，保护运河河床的考古遗址，参与城市规划和海滨土地开发，关注敏感地带开发及运河遗产特征保护。保护的主要理念是"展现特定时期的遗迹发展"。20世纪70年代到80年代末期，再到90年代中期遗产保护政策由更新到重现，最后重点放在遗产物质影响的最小化，即稳定为主且只有在需要时才进行恢复。

核心区范围包括运河结构体系和与之相联系的碉堡等防御结构体系。沿运河两岸30米宽的范围划定缓冲区（张广汉，2008）。缓冲区内不允许新的建设，挨着缓冲区可以建设，但要求对环境没有破坏（图4-10）。此外，运河保护管理制度在制定过程中采用公众参与机制，确保遗产的完整性，指导公共使用的合理性。因此，运河廊道内居民也为遗产保护做出了重要贡献，维护了运河廊道的历史价值。

图4-10　里多运河核心区与缓冲区建设
资料来源：http://blog.sina.com.cn/s/blog_a020504f0101a251.html

四、法律保护体系：拥有规划、土地、环保、历史、产业等全部涉及领域的法律保障

在法律制度层面，管理规划里多运河时，加拿大公园管理局构建了一套完整的法律体系并严格遵循。法律法规有《安大略遗产法》（*Ontario Heritage Act*）、《土地利用地方法规》（*Provincial Policy Statement for Land Use Planning*）、《规划法与市政法》（*Planning Act and the Municipal Act*）、《历史运河规章》（*The Historic Canals Regulations*）、《加拿大环境评估法案》（*Canadian Environmental Assessment Act*）、《濒危物种法案》（*Species at Risk Act*）、《加拿大渔业法案》（*Canada Fisheries Act*）、《水下及岸线工程政策》（*Policies for In-water and Shoreline Works*）、《滨水规划与设计指南》（*Waterfront Planning and Design Guidelines*）、《纪念物整合清单》（*Commemorative Integrity Statement*）、《历史运河规章》（*Historic Canals Regulations*）、《加拿大渔业法案》（*Canada Fisheries Act*）、《加拿大环境评估法案》（*Canadian Environmental Assessment Act*）、《安大略规划法案》（*Ontario Planning Act*）等。

五、旅游交通线路：设计沿河公路和长达300千米的骑行步道

里多运河沿线城镇、村庄、主要景点之间都有便捷的公路交通连接线。考虑到可能对景观带来的影响，车行道路仅有一小部分是靠近运河，大部分与运河保持一定距离。但骑行步道始终紧邻运河，成为运河的一部分以及游客与运河互动的场所。长达300千米的里多运河骑行步道穿过西港村（Westport Village），将金斯顿和渥太华连在一起。依偎在里多湖区腹地的西港村是健行和自行车运动爱好

者的天堂（图4-11）。小镇的街边商店和餐馆、家庭旅馆鳞次栉比。还可以登上福利山（Foley Mountain）的斯派石（Spy Rock）眺望乡村引人入胜的美景。

图4-11　沿河旅游交通设计

资料来源：https://zhidao.baidu.com/question/1114132399084697619.html；http://www.lvmama.com/trip/pic/62837-665906

六、运河城镇协调：城镇建筑风貌、餐饮酒店、娱乐活动、文化民俗、工艺商品、博物馆等与运河交相呼应

里多运河沿线有很多城镇，沿河中小城市/镇的发展建设与里多运河的发展交相呼应，这是里多运河线性文化遗产保护发展中最值得学习借鉴的地方。

沿线中小城市/镇的建筑为里多运河增添了靓丽的人文景观，中小城市/镇为旅游团体提供了文化活动场所和各种服务，而里多运河则为中小城市/镇提供了自然开敞空间和对外联系的通道，增加了动力，增添了活力。运河沿线不管是城市、城镇，还是乡村，都与运河融为一体、协调共存、互助发展（图4-12）。

图4-12　里多运河与沿线城市建设融为一体

资料来源：http://tuchong.com/381177/19596816/

珀斯（Perth）是公认的安大略省最美的小镇，运河在此经过，小镇里令人振奋的建筑每年都能吸引成千上万的游客（图4-13）。

图4-13　珀斯小镇

经过翻新的石灰岩建筑奠定了珀斯小镇的遗产基调。此外，这座历史名镇还因在1893年芝加哥世界博览会上展出了一个重达22 000磅（1磅=0.453 6千克）的巨型切达干酪而闻名于世。科德坊（Code's Mill）是一个美丽而古老的海滨购物中心，有许多别致的小商店和餐馆，可以在科德坊旅馆留宿，该旅馆是一家珀斯镇新建的生态时尚精品酒店。

史密斯瀑布镇（Smiths Falls）也在里多运河遗产沿途中，位于金斯顿和渥太华之间。这个历史悠久、风景美丽的小镇充满了休闲娱乐气息（图4-14）。可以参观特雷尔黑德探险运动公司（Trailhead Adventure Sports）的独木舟与皮艇租赁中心，那里可以租到划艇、导游或自助游所需的所有设备。或者到里多运河博物馆追寻拜中校（Lieutenant-Colonel By）为修建运河所走过的奋斗足迹。博物馆共分五层，它的前身是一家19世纪的工厂，各种工艺品和多媒体展品都在这里展出。

图4-14　史密斯瀑布镇
资料来源：https://www.meipian.cn/qo9btyi

运河沿线还有加拿大美丽的村庄——梅里克维尔（Merrickville），街头满是修缮后的古建筑，可以游览街边各种商店和工艺作坊（图4-15）。这个村庄宛如里多运河地区的艺术瑰宝，聚集了从玻璃吹制到芥末栽培的能工巧匠。还有一些特色小店，如在麦克加里格尔夫人小店可以品尝一些屡获殊荣的芥末。

图4-15　梅里克维尔
资料来源：http://travel.qunar.com/youji/5719546?type=allView

七、地方文化融合：运河将多地传统文化融汇成里多运河文化

里多运河将沿线各地的传统文化融合成里多运河文化，在此基础上实现共同发展（图4-16）。乘坐仿制的"加拿大船夫"号独木舟可以在里多运河上体验夜间泛舟的乐趣。200年前这种独木舟曾被皮毛商人广泛使用。一个船夫装扮的讲解员会介绍如何行独木舟礼，还会为游客演唱当地民歌，讲述有关里多运河的传说。在蒙特利旅馆度假村（Monterey Inn Resort）住宿，从那里的豪华客房可以眺望平静的里多河及壮观的蒙特利花园。里多运河文化是一种聚合的文化，其将沿线各地的民俗、传说、故事、民歌等融会贯通，凝聚形成里多运河文化。

八、政府管理方式：加拿大公园管理局采用垂直管理方式与明确高效的职能分工

里多运河采用垂直管理方式，由加拿大公园管理局管辖（图4-17）。里多运河的所有者为加拿大政府，缓冲区内既有公共用地，又有私人用地。加拿大公园管理局根据法律从运输部门接管了运河管理。通过加拿大公园管理局，加拿大政府与省、市政府一起协调保护与发展的矛盾，各级政府各司其职，加强了遗产保护的有效性（刘庆余，2013）。加拿大公园管理局负责编制遗产的管理规划，制

订长远的保护计划，确保遗产的价值得到保护与展示。

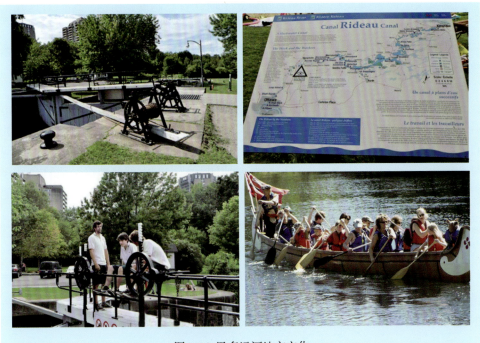

图4-16　里多运河地方文化

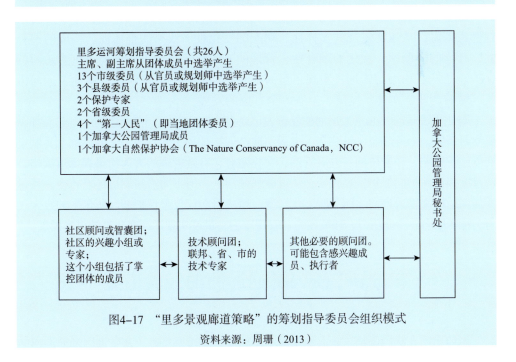

图4-17　"里多景观廊道策略"的筹划指导委员会组织模式

资料来源：周珊（2013）

运河遗产中,只有少数的军事设施因处在军事区域内,由加拿大国防部代管,加拿大公园管理局和国防部为此建立了遗产备忘制度,由遗产部门对这几个要塞的保护提供理论和技术支持,遗产得到了很好的保护。

安大略省负责邻近遗产的土地保护与利用,通过立法处理土地利用规划与文化遗产及其环境保护之间的关系。

环境保护部门负责运河遗产内和岸线周围的湿地、林地、自然生物的保护。

市政府的作用非常重要,特别是在遗产环境的管理方面发挥着重要作用。市政府依法有权制定当地的土地利用和发展规划,保护河岸的完整性和两岸土地的自然特征,严格限制开发的位置、形式及规模。最有效的土地利用政策是退后河岸一定距离进行开发建设的规定。在农业地区,河岸的大部分地段一般只允许单户居民存在,并且必须隐藏在视线范围之外。另外规定保护泄洪区、湿地和其他自然特征,减少发展对运河文化遗产的冲击。加拿大公园管理局直接参与运河沿线市政府发展规划和相关政策的制定。

九、借鉴思考:整体性保护、开发、利用与管理,注重与自然、城镇、文化和居民的协调融合,成为区域协调、部门联动和可持续发展的重要依托

里多运河在保护利用线性文化遗产上最值得借鉴的是,制定了针对性的景观廊道策略,从运河景观的多样性、功能的变化性、线路的整体性、构成的差异性、环境的协调性、文化的融合性、管理的有效性等多个方面推动了里多运河的保护、开发、利用与管理,实现了运河在新时期功能的合理演替,推动了运河沿线区域的产业、文化、城镇、生态等全方位的发展。

对比里多运河,北京大运河的保护发展还存在很大差距,在上述的所有方面都需要学习借鉴。当务之急,是要在《大运河遗产保护规划(北京段)》的基础上,制定涵盖旅游线路、环境协调、分区管治、文化融合、有效管理的大运河景观廊道策略,从过度强调保护向保护发展转变,从过度强调河上、河下向沿河周边环境转变,从过度强调运河文物遗迹向运河关联文化转变,解决目前仅仅是保护遗产所带来的投入压力、社区压力、产业压力、环境压力、管理压力,最终实现运河文化带的再生发展。

第三节 法国米迪运河的经验借鉴

米迪运河在法国南部,东起地中海沿岸的港口城市塞特港(塞特港因米迪运河的

修建通航而发展成为重要港口），西至加龙河畔的图卢兹，总长241千米，是法国沟通南海岸（地中海）和西海岸（比斯开湾）的重要水路，同时被视为法国17世纪人工工程的重要里程碑，连通了加龙河、奥德河、奥尔布河、埃罗河的水系。它与西部沟通大西洋和加龙河的加龙运河构成了这条沟通大西洋和地中海的内陆水运通道。

米迪运河由贝济耶的贵族皮埃尔·保罗·德里凯（1604~1680年）设计并主持建造，工程从1667年持续至1694年，拥有船闸、沟渠、桥梁、隧道等300多处人工建筑，多级水闸、河上河等极具观赏性，这些丰富多样的景观并未破坏整体环境的视觉效果，而是与周边的自然与人文景观完美地融为一体，反映出设计者匠心独具。河道两岸林荫茂密，景色雅致优美。1996年米迪运河被列入《世界遗产名录》。米迪运河的主要景观包括：运河上最大的湖状水体大港池（Grand Bassin）、贝济耶的丰塞拉讷船闸（Fonserannes Lock）和奥尔布运河桥（Orb Aqueduct）。

米迪运河被称作17世纪欧洲最宏大的营造工程，并且是目前欧洲仍旧在使用的古老运河之一。早在罗马时代人们就有了宏大的想法，把大西洋和地中海连接起来。米迪运河的建造实现了这个想法，米迪运河建造运用了完美的船闸技术连通了大西洋与地中海，通过避开直布罗陀海峡、海盗和西班牙的船队，促进了贸易的繁荣并大大提高了朗格多克省和吉耶纳省的优势。

一、历史价值更新：运河功能由货物运输航道转为水路旅游通道

法国路易十四国王开凿这条运河的初衷是运输小麦，绕过伊比利亚半岛从而避开西班牙的关税，也为更便捷的商业运输和航运安全。米迪运河在1681年5月15日首次试航，在接下来的两个多世纪里不负众望，给流经地区带来了繁荣。货物和旅客都沿河运送，运载葡萄酒的马拉大型平底船、小船、驳船往返于两岸之间，船闸管理员、驾驶员、马车夫、驳船船员、旅行推销员、商人则在岸上忙个不停。

如今，米迪运河已不再运送货物，但随着旅游业的发展，它又重现生机。成千上万的业余水手来到这里，沿着它弯曲、阴凉的航道漂流而下，他们在沿途会发现因技术的巧妙和建筑的精致而创造的奇迹，这一切都与周围的城镇、乡村和谐地融为一体。作为法国最重要的水路旅游通道之一，米迪运河对区域发展发挥着重要作用。

二、景观与技术的合体：既创造了在技术上领先的工程业绩，又注重运河两岸景观的营造，使运河与周边环境巧妙地融为一体

米迪运河蜿蜒流淌241千米，各类船只通过运河在地中海和大西洋之间穿梭

往来，创造了世界现代史上最辉煌的土木工程奇迹，它为工业革命开辟了一条新航线。运河设计师皮埃尔·保罗·德里凯创造性的构思，使运河与周边环境巧妙地融为一体，从而产生一种和谐美的效果。

在技术上，创造了领先于其时代的工程业绩，具体如下。

（1）当时最大的大坝——圣费雷奥勒水库大坝。黑山是米迪运河的最高点，它的供水系统由高山引水渠和平原引水渠共同组成（图4-18）。前者向圣费雷奥勒水库供水，后者把水引到瑙鲁兹分水岭，即米迪运河的最高点，海拔约189米，向西一直流到图卢兹，向东一直到塞特港。黑山供水系统给图卢兹市到卡尔卡松市的长达109千米的运河供水，此河段的水量达到了365万立方米。

图4-18　圣费雷奥勒水库大坝

（2）法国的第一个运河桥——勒皮德尔引水桥。勒皮德尔引水桥始建于1665年，桥长135米，跨度9.15米，是法国建造的第一座运河桥，也是当今世界上最古老的运河桥（图4-19）。路易十四时期的大工程师沃邦（Vauban）以此为基础，在运河上又建造了其他桥，如今大部分依然保存完好。

图4-19　米迪运河的引水桥

资料来源：http://www.mafengwo.cn/i/3463211.html

（3）世界上第一个可以航行的地下运河河段——马尔帕斯隧道。马尔帕斯隧道在1679年开凿，这是第一条为了输送运河水而挖掘的隧道（图4-20）。这座宽8米、拱高8米、长165米的隧道在当时是很罕见的，这种隧道挖掘技术一直到19世纪才被运用到铁路隧道挖掘中去。

图4-20　地下运河河段——马尔帕斯隧道

资料来源：http://www.mafengwo.cn/i/3463211.html

（4）引水工程的关键——瑙鲁兹分水岭。解决供水问题是米迪运河工程的关键，而这个制高点的引水工程具有相当重要的技术价值，分水岭高程为189米，是米迪运河连接地中海和大西洋的最高点，它的建立从根本上解决了运河水源和高差问题。

景观上，米迪运河上的船闸、桥梁，运河两岸的树林、田园、建筑、设施，加上蓝天、白云及四季色彩，与运河融为一体，惬意优美（图4-21~图4-24）。

图4-21　米迪运河上的船闸

图4-22 米迪运河上的桥梁

资料来源：https://www.douban.com/note/616272626/?type=rec

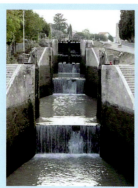

图4-23 米迪运河上的设施

资料来源：https://www.douban.com/note/616272626/?type=rec

（a）春天　　　　　　　　　　　（b）秋天

图4-24 米迪运河的春天和秋天

资料来源：https://www.douban.com/note/616272626/?type=rec

三、分级分区保护：注重景观的完整性，划分核心区与缓冲区，并考虑行政界线

被列入《世界遗产名录》的米迪运河遗产有两个不同的保护级别，所使用的保护手段也是不同的。第一级是运河本体，一级保护区就是运河的公共领域，总面积是1 172公顷，它的管理权属于法国航道管理局；第二个级别包括运河景观缓冲保护区内的河道和水渠及景观，由各市镇分别管理。

米迪运河的缓冲区包括三个部分——运河沿线、运河分支沿线、引水渠沿线，此外在河道两岸划出了遗产价值敏感区与遗产价值影响区，由河道所在地政府对区内建设项目进行控制。

缓冲区的边界为市镇的分割线。对于缓冲区范围的划定，法国有关部门的最初想法是通过景观的重要性评估而逐点划定保护区范围，但经过具体调研和评估后发现，找到一个划分的临界标准是非常困难的，于是现在的保护范围就是行政上的市镇分界线。一方面在于划分市镇的时候已经考虑到景观的完整性；另一方面也方便遗产保护的行政管理。

四、注重文化建设：通过建立档案研究机构与举行文化宣传活动，传承与弘扬米迪运河的物质与非物质文化

在重视文化遗产本身的同时，也重视非物质文化遗产的保护和发展。例如，水利工程的建造技术和建筑工人的劳动；文化遗产名录的确定和现状评估，它决定着今后遗产保护发展的方向；在尊重运河遗产整体性的同时，体现出各个地区不同的文化特色，即此点在运河线上的唯一性，如卡尔卡松市是运河节点上的中世纪小城，它的发展重点在于展现中世纪的生活风情。

目前对于文化事业的发展，已经由特定部门运作转变为全社会共同组织建设。例如，属于图卢兹水运管理处的运河档案馆是运河史料最完整、最权威的档案机构（于冰，2009）。在图卢兹水运管理处的网站上可以查到相关电子目录，里面包括运河开凿以来的历史、技术、法律等各方面的文献，这个档案馆经预约向民众开放。另外，法国航道管理局和其他建筑师如果要做运河某部分的改建项目，会向运河档案馆负责人查找史料，以便改建能更好地和历史轨迹契合。

除了可以在档案馆里查到有关米迪运河的详细资料外，米迪运河沿岸还有许多文化宣传活动。在米迪运河沿线分布了运河博物馆、里盖研究中心、新分叉点博物馆等。

运河博物馆坐落在圣费雷奥勒城周边的圣费雷奥勒水库大坝旁。博物馆陈列了米迪运河的发展史，以图片和模型等陈列形式介绍了圆形船闸、梯级船闸、圣费雷奥勒水库大坝等工程设施，还有皮埃尔·保罗·德里凯对于水位高差的探索及在运河开凿过程中的技术工具和人员组织等。有一部小电影还专门介绍了工程师皮埃尔·保罗·德里凯在路易十四的领导下进行的工程实践，内容震撼而直观。博物馆入口处，是米迪运河书店，可以买到从历史、工程技术到自行车旅游等方方面面的运河书籍。

在特定节日里，图卢兹市政府会举行相关庆祝活动，如运河展览、室内运河水路线规划、9月18日和19日的运河节等，出版与米迪运河有关的书籍，如《著名的德里凯》、《米迪运河：图卢兹和地中海间的皇家水路》，以及各类学术竞赛等活动，让现代人文艺术与人类水利工程很好地融合在一起。

五、发挥旅游功能：发展多主题、各具特色的旅游线路，通过运河一线带动整个区域的旅游业发展

在1996年米迪运河被列入《世界遗产名录》后，法国政府在4个月后就将运河全线列为法国国家级文化遗产，根据相关遗产法规对运河进行管理与保护，并进行相关的旅游开发。法国政府提倡在开发运河旅游的同时也开发临近的旅游点，把运河的线性扩展成面。通过开通道路、远足路线、旅游咨询点等吸引游客的注意力，延长游客的旅行时间。做好运河和中心城镇的水路对接，使游客可以通过水路很方便地进入城镇游览，如建立自行车道和游船码头；发展多主题、各具特色的旅游线路，如运河与葡萄酒、弗莱斯盖尔旅游线路等。

（1）点状旅游景点。如圣费雷奥勒水库，这里是黑山供水系统中很重要的一个水库，300多年历史的水坝、水道、引水渠、溢洪堰仍旧保留完好，这里被规划成了一个度假胜地，建有米迪运河博物馆、有人造瀑布的博物馆后花园等。鉴于自然影响和松林密度的降低，2004年春季水库旁新建了松林保护区，由法国航道管理局负责管理。水库边还建造了人造湖滩，很多游客慕名来到这里沐浴日光和享受清新空气。

旅游部门还规划了从圣费雷奥勒水库到朗科拉湖的自行车旅游路线，自行车旅行手册、租车处、餐馆、度假村等一应俱全，是个休闲度假的好去处。300多年历史的圣费雷奥勒水库，在旅游开发下又恢复了人气和活力。

（2）线性游览方式。包括水路上的游艇和自行车游览。运河上已经建立起许多游船码头，而游船旅游目前仍是局限在重要的水利工程及其附近河段的水域。例如，自贝利耶市到马尔帕斯隧道，现在并没有沿运河全程的完整旅游线路。运河沿线的自行车道也已建成，一般建设在城市地段或连接城市与旅游景点

的线路上，如图卢兹和贝利耶，游人可将两岸美景和风土人情尽收眼底，还可品尝沿线葡萄酒产区的美酒、参观基督教清教徒的宗教活动遗址。人们可以从运河一头到另一头穿过朗格多克，从塞特港到图卢兹，从地中海到罗拉盖，沿途的田园风景和历史古城尽收眼底。

六、推动河城互动：发挥城镇特色，保留城镇传统，与运河建设相辅相成

在城市建设方面，当地政府提出城镇发展应依托运河，加强与运河的互动。发展运河城镇，不仅是发展运河周边旅游，也包括住宅、基础设施和手工区、工业区。以图卢兹为例，它是米迪运河的西起点，是自然河道加龙河、米迪运河、布里讷运河（Canal de Brienne）的交汇城市，是大西洋和地中海之间很重要的一个运河沿线节点（图4-25）。

图4-25　图卢兹城市运河景色

资料来源：http://www.mux5.com/bk.php?s=%E5%9B%BE%E5%8D%A2%E5%85%B9

运河沿线景观多种多样，驳岸也多有不同。运河植物种类繁多，每一段均有不同的植物主题，即使是驳岸加固设计形式也是多样化的，让走在运河一侧自行车道的人完全没有视觉上的审美疲劳。运河工程遗产点较多，但对重要遗产点都在景观设计上做了放大。例如，加设休息平台、小花园等；运河沿线每隔一段距离就会设有一块展板，这是由图卢兹市政府设置的，主要是河岸景观及生态多样性方面的知识介绍以及新的河岸维护方式，展板树立在运河与自行车道间的植物景观带中；运河一侧有自行车道，此道自图卢兹至地中海基本没有间断，是全线游运河的一个不错选择；主题河滩区是市民的乐园，这里是加龙河与米迪运河的交界处，设有一块沿河坡地，周一到周日的不同时段都有不同的游戏主题，配有运动场、休憩区，很多市民在此野餐、运动，非常舒服。

还有法国南部图卢兹至蒙比利埃之间的城市——卡尔卡松，米迪运河穿城而过，卡尔卡松市有一个欧洲现存的最大、保存最完整的中世纪城堡（图4-26）。

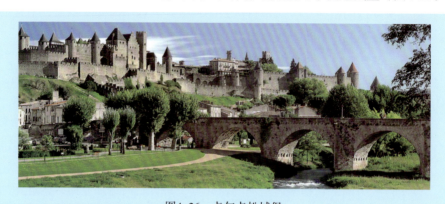

图4-26　卡尔卡松城堡

资料来源：http://www.sohu.com/a/160561676_99890027

古堡的城墙内是宫殿、教堂、广场、市集、房屋、街道等错落有致的庞大公共设施，长达3千米的主干道延伸出一座完全可以自给自足的巨型城市。内城四处可见日常生活的场景，铁匠铺、面包坊、裁缝店，依旧是千百年前的摆设与布置。据统计，2007年约有一万只游船通过米迪运河到达卡尔卡松，大大促进了卡尔卡松旅游业的发展。

七、健全法律法规：分部门全领域制定法律保障，使运河的保护规划有法可依

米迪运河开凿以来就有比较完备的法律规定，最早是1666年颁布的穆郎法令；而后是1956年颁布的十月法令，其中共有58项条款是专门针对米迪运河的。现今共有两部法律适用于运河的管理：《公共水域及运河条例》和《个人集体所有权普适条例》。在申遗成功后，又出台了很多管理章程，如《米迪运河遗产管理手册》，内容包括各种运河遗产的现状描述，如运河驳岸、植被、构筑物、设备等，对关键性问题和保护措施做出相关规定，目的是为国家管理机构提供一定的建议并保证相关法律的实施。

《米迪运河景观建设规章》明确规定了保护区划。运河相关管理领域还有更详细的指导手册，如《建筑和船闸、运河住宅和景观管理手册》、《瑙鲁兹分水岭管理手册》、《植物管理方案》等，它们对运河的建筑、工程和植被管理等做了详细阐述。这些规章使运河的保护和建设管理做到了有章可依。

八、完善管理体系：纵横衔接、分工明确，管理高效

法国遗产保护管理体系相对完善，一是管理权限覆盖率很高，几乎遍布所有需要保护的区域；二是管理队伍专业化程度很高，同时又拥有专业的监督和咨询机构。遗产管理部门有两个：一是文化与交流部及其下属机构；二是可持续生态发展、交通及住宅部（表4-1）。

表4-1 法国遗产管理部门示意表

部门	分属管理司	省级综合管理部门	主要管理内容	使用法规
文化与交流部	建筑与遗产司	省级建筑与遗产局：隶属于大区文化事务厅，是一个跨部门的省级机构，同时为文化与交流部和可持续生态发展、交通及住宅部服务	列级和登录遗产的保护和管理等	《文物建筑保护法》等
可持续生态发展、交通及住宅部	住宅和自然环境整治综合管理司（原属环境部）		列级和登录景观的保护和管理等	《景观法》等
	基础设施、交通和海洋综合管理司（原属国土设施交通整治部）		负责城市规划和国土整治等	《城市规划法典》等

国家是米迪运河的所有者，法国把具体的管理、维护和开发权下放给国家航道管理局和可持续生态发展、交通及住宅部（图4-27）。

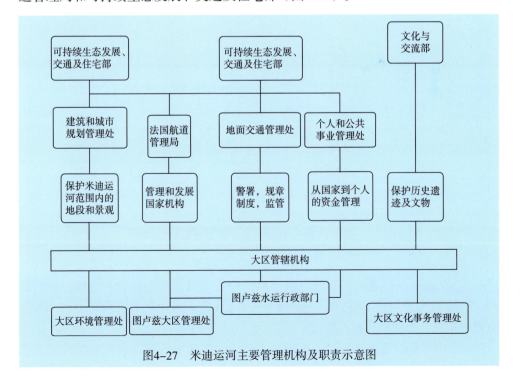

图4-27 米迪运河主要管理机构及职责示意图

　　法国航道管理局负责运河水利工程建造、维修和运河周边的商业开发，保障河道有关法律法规的施行和内航运输的组织，保证运河公共领域内的新建景观和建筑物不破坏遗产的真实性、完整性。它在法国的各个大区都有分属机构，米迪运河管理权就下放到图卢兹水运管理处，因此后者才是运河的一线管理部门。可持续生态发展、交通及住宅部主要负责水上交通管理和监督，一线管理是由航运治安管理局负责。

　　图卢兹水运管理处是法国航道管理局西南跨地区管理部门，其机构主要分为五大块（图4-28）。

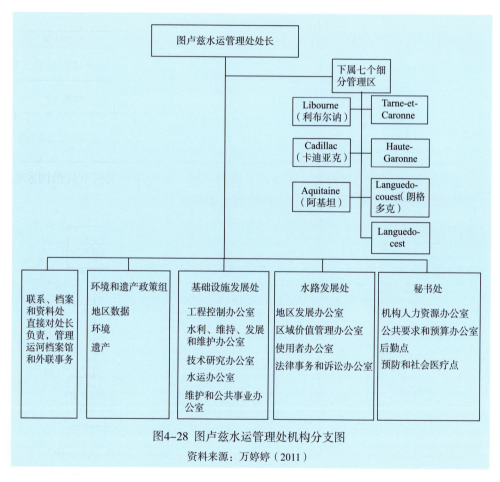

图4-28　图卢兹水运管理处机构分支图

资料来源：万婷婷（2011）

　　（1）联系、档案和资料处。这个部门的负责人直接接受处长管理，负责对外出版联系和运河档案管理。下设档案保管员1名，为运河工程及历史的专家，负责给运河工程提供资料及建议。

　　（2）环境和遗产政策组。负责制定运河公共领域内建筑及景观建设规范并负责管理所有遗产及其维修和建设，负责向遗产和景观委员会提出工程申请。它管理一个数据库，里面存储了运河遗产的所有地图数据，可以随时提取。

（3）基础设施发展处。主要负责水利设施的维护、维修和开发及技术研究。

（4）水路发展处。负责和使用者的联系以及法律事务和纠纷。

（5）秘书处。负责管理日常事务。图卢兹水运管理处是总管理机构，具体到每个河段细分为七个分区，它们是运河最小的管理机构，执行上级的政策，负责维护、开发运河并执行和监督维修工程。

由于运河遗产的特殊性，这种复杂的多部门管理往往较难统一意见，因此法国针对米迪运河管理设置了两个横向管理机构：一是大区遗产和景观委员会；二是跨地区管辖中心。

（1）大区遗产和景观委员会。1997年法国成立大区遗产和景观委员会，这个委员会起到咨询和审批的作用，主席是大区区长，主要任务是对文物建筑列级和登录，建立建筑、城市、景观遗产保护区、文物建筑可视范围内工程许可申请，以及对建筑、城市、景观遗产保护区内的工程申请出具体意见。委员会分两个等级：一是大区遗产和景观委员会；二是国家遗产和景观委员会。小工程如维修船闸、加固河堤等提交给大区遗产和景观委员会审核，出具可行或不可行意见，由区长做最后决定；大工程如整个河段的树木种植、船闸的拆除或新建需要提交给国家遗产和景观委员会统一讨论，最后由部长定夺。

委员会中包括可持续生态发展、交通及住宅部，以及文化部门的相关人员。以大区委员会为例，包括7位行政成员，分别是大区区长、大区文化事务厅厅长、大区环境厅厅长、大区设备厅厅长、大区文物建筑保护官、大区考古官、大区普查官，以及23位任期四年的成员。这些成员包括：1位文物建筑遗产保护官，1位文物建筑主任建筑师，1位省级建筑与遗产局局长，1位在该大区任职的国家建筑师，8位由国家或地方选举的代表，8位建筑、城市规划、景观遗产或人类学方面的专家，3位协会代表。委员会对于列级、登录历史建筑，遗产建筑、城市、景观的修改提供建议，在委员会内出现意见不一致的时候向国家建筑师咨询请求建议。

需要注意的是，它并不是一个协商机构，与会期间各个参与部门代表自己一方对工程进行投票，大部分赞成即为通过，此时委员会会向大区区长或部长提交决议文件，建议项目的批准或驳回，然后由行政长官最终定夺。

（2）跨地区管辖中心。2000年由南比利牛斯大区区长创建的一个跨地区管辖中心，把所有负责米迪运河管理的部门集聚一堂，就不同议题展开讨论。这些部门包括：省设备管理中心、省建筑和遗产管理处、大区环境厅、文化事务管理局、警署、法国航道管理局等。

九、借鉴思考：运河沿线景观保护开发的完整性、对线性文化遗产区域旅游的整体带动、纵横衔接的管理机构和管理方式

法国米迪运河和中国大运河有很多相似之处，特别是两者都存在保护与发展的矛盾。一方面，作为文化遗产，我们需要保护它的真实性、完整性；另一方面，由于旅游、文化发展或者交通扩容的需要，又客观上要求对局部河段或者水工设施做一定的现代化调整。如何处理好保护与发展的"度"，是一个很棘手的问题。在这一点上，法国米迪运河的处理方式值得借鉴。

（1）划定不同类型的功能区。西方发达国家，特别是一些文化强国较早注意到遗产地的规划问题并提出功能分区的理论，经过专家与遗产利益主体的协商得到可供选择和讨论的功能区划方案，如米迪运河中的核心区和缓冲区（陈金华等，2007）。同时很好地处理了功能区与行政区之间的关系。米迪运河在划定缓冲区时就充分考虑了景观的完整性和地方管理机构的行政分界线，如在最初的规划中，米迪运河将视线所及区域都划定为缓冲区，但事实证明此举不够现实。因此，现在建议的缓冲区仅限于运河沿线乡镇范围内（在某些地段，如果乡镇以外的地方会对运河产生直接影响，则将其纳入范围），以便进行有效管理。因此，北京运河文化带在划定保护区时，也应充分考虑两者之间的关系。

（2）加强部门间的协调。负责保护运河的文化部门和负责发展运河的交通部门、水利部门、旅游部门或多或少存在意见分歧，这是保护与发展带来的不可避免的管理上的矛盾。借鉴米迪运河的管理方式，建立纵向的管理机构和横向的协调机构，并且考虑社会团体和民众的意见。米迪运河的保护原则就是由南部水路使用者协会和朗格多克-鲁西永地区旅游委员会共同制定的。在政府部门因为各种矛盾达不成共识的时候，不妨引入公众参与机制，让公众投票或发表意见，因为公众所代表的是有利于人民生活的方方面面（龚道德等，2016）。

（3）凝练共同的运河文化。米迪运河最值得借鉴的是将运河渗透到沿线区域的遗产保护利用、自然景观塑造、社会生活、产业发展（特别是旅游业）、生态城镇建设等各个方面，通过运河将沿线散布的物质文化遗产和非物质文化遗产连接起来并进一步凝练成运河文化，再通过运河文化提升区域整体的文化软实力，进而带动区域产业、社会、文化、城乡等多个方面的发展，以便运河与区域相互依赖、共同发展。

第四节　中上游莱茵河河谷的经验借鉴

莱茵河是西欧第一大河，发源于瑞士境内的阿尔卑斯山北麓，流经列支敦士登、奥地利、法国、德国、荷兰，最后在鹿特丹附近注入北海，全长1 232千米。流域内平均降水1 100毫米，径流年内分配比较均匀，平均流量2 200米³/秒，具有航运、发电、供水、旅游、灌溉、生态保护等多项服务功能。莱茵河在德国境内有867千米，是德国最长的河流。

中上游的莱茵河河谷，位于德国的美因兹到科布伦茨之间。为了保护自然景观的原貌，莱茵河河谷段没有架设桥梁，往来两岸都靠轮渡；沿河两岸山坡上遍布葡萄园，点缀着无数罗马时代的古堡，欧洲没有哪一段大河流域风光能像这一段50千米长的莱茵河中上游那样，荟萃了如此密集、有几百年历史的自然与人文浑然一体的景观。

一、自然与人文融合：莱茵河不仅自然景观优美，更重要的是将历史、文化、社会、运输、建筑、土地利用等融为一体，整合成莱茵河文化景观带

莱茵河从河源到瑞士的巴塞尔为上游，莱茵河水在海拔2 000米的高原自南向北流淌，形成瑞士和列支敦士登的天然国界。莱茵河上游有雄伟的雪山、碧绿的草地、林立的古堡、层叠的瀑布，景色优美。

中上游莱茵河河谷是一处与众不同的文化景观，这里不但环境优美、风景如画，而且聚集了两千年的丰厚文化底蕴，它的民居、运输设施、土地利用都有浓厚的传统文化色彩。这里的文化景观保留和呈现的风物具有鲜明的历史审美和文化审美价值，并且在当今与传统生活方式相联系的社会中，保持着一种积极的社会作用，展示了历史演变的物证。

莱茵河流域的自然环境十分有利于人类的生存和社会发展，是欧洲历史的见证。莱茵河曾经经历过长达3个世纪的战争，公元前55年罗马统帅凯撒在征服高卢（法国）之后，曾经来到莱茵河畔，与日耳曼人作战；从拿破仑时代到20世纪中叶的150年间，莱茵河畔两个最大的邻国——法国和德国，共进行了4次大规模战争，给游人留下了许多值得寻思的古战场。

河道蜿蜒曲折，两岸山峦重叠，是德意志文化的摇篮。莱茵河畔是国际无产阶级革命导师马克思、荷兰著名画家伦勃朗、音乐大师贝多芬的诞生地，也是原

子结构秘密被揭开的地方。马克思的故居特里尔（Trier）是德国最古老的城市之一，至今已有2 000多年的历史。现在，每年都有无数来自世界各地的旅客参观此地，缅怀这位科学社会主义的创始人。贝多芬故居坐落在莱茵河西岸，1989年被辟为博物馆。康德、黑格尔、马克思、胡塞尔、海德格尔的哲学，歌德、席勒、海涅的诗篇，贝多芬、勃拉姆斯、巴赫的乐曲，都在这里诞生。

德国政府在提交的申遗文本中阐明了中上游莱茵河河谷的遗产价值和文化意义：两千年来，中上游莱茵河河谷作为欧洲最重要的运输线路之一，一直促进着地中海和北部之间的文化交流；中上游莱茵河河谷是一处与众不同的文化景观，这里不但环境优美，而且积聚了两千年的丰厚文化底蕴，它的民居、运输设施、土地使用都有浓厚的传统文化色彩；中上游莱茵河河谷是狭窄河谷中发展传统生活方式和通信方式的典范。两千年来，峡谷陡峭的斜坡形成了独特的自然与人文景观，但是这种土地利用模式面临着当今社会和生态压力的日益威胁（顾风等，2008）。

二、管理体制顺畅：多国共同管理、共同建设，定期召开会议制定决策

莱茵河是一条国际河流，流经德国、法国、荷兰等9个国家，是世界上管理最好、人与河流关系处理最成功的典范。流域内国家成立了莱茵河国际保护委员会（International Commission for the Protection of the Rhine，ICPR），对水质、生态、排放进行全面的评估，出台保护和治理方面的国际公约，各国共同协作，统筹规划。

莱茵河国际保护委员会的最高决策机构是各国部长会议，会议每年举行一次，决定重大问题，然后各国分工实施，费用各自负担。莱茵河航行中央委员会是日常管理协调机构，成员由莱茵河流域的国家、州、地方等代表组成。根据莱茵河航行中央委员会组织法，该机构负责协调莱茵河的管理工作，主要职责是制定莱茵河的航道标准，包括水深、航宽、跨河建筑物的最小净空等；批准沿岸建筑物的建设；规定船舶航行条件、船员技术标准等。莱茵河航行中央委员会还负责制定、修改、实施莱茵河的规章条例，参与缔结莱茵河航运的国际协定。

莱茵河实行共同管理、共同建设的政策，但各国有航行自由权和经营自由权。《曼海姆·莱茵河航道公约》规定沿岸国家负责本国河段的养护和疏浚，保证规定的通航尺度，保证船舶通行无阻。

莱茵河拥有明确、清晰的政策法规，沿岸国家制定了《曼海姆·莱茵河航道公约》和《马可·波罗海上和内陆水运法规》等国际法，以协调各国对水资源的统一开发利用。莱茵河沿岸各国遵循这些法规，建立标准化的内陆水运市场，推

行自由化市场经济政策，发挥市场调节作用。

三、城镇各具特色：依托港口优势，发挥当地特色，建设特色小镇

在古典区位理论中，交通成本是最基本的要素和许多产业集聚的动力，而港口城市则是沿河产业带的增长极。据不完全统计，仅在莱茵河干流上就建成了近50座中等规模以上的城市，这些城市几乎都是"以港兴城"和"以城托港"发展起来的，有的成为区域性经济中心，有的成为科学、教育、文化中心，还有的成为国际经济、贸易、金融中心。例如，杜伊斯堡是世界第一内河大港，它仍以港口功能闻名于世。

莱茵河两岸有许多重要城市，如美茵茨、波恩、诺伊斯、科隆等，它们都是从军事基地演变为贸易场所，而后发展成为现代化城市的。在莱茵河两岸至今仍保留着50多座城堡、宫殿的遗址，每座城堡都有自己的名称和一段古老的传说。

吕德斯海姆（Rüdesheim）坐落在莱茵河岸边缓缓的山坡上（图4-29），街道起伏，红顶绿树。小镇人口约10 000人，占地规模约1平方千米。满城都是重重叠叠的红色屋顶和绿树掩映的街道，以哥特式建筑为主，除教堂、城堡等公共建筑外，高度以2~4层为主。整个小镇弥漫着花香和酒香，四周被大片的葡萄园所包围。狭窄的街道两边是礼品店、餐馆、酒馆，大都为自产自销，出售自己酿造的白葡萄酒，游客可以在酒窖里品尝到各种品质的葡萄酒。

图4-29　吕德斯海姆城市景观

资料来源：https://you.ctrip.com/travels/germany100025/3721635.html

蒙特勒（Montreux）小镇位于瑞士沃州，日内瓦湖的东岸，被称为瑞士的里维埃拉。小镇人口只有2.35万人，占地面积约2.7公顷。葡萄种植是蒙特勒的主导

产业，小镇的山坡上漫山遍野都种植着用来酿造香醇美酒的葡萄，游客可参观葡萄园，品尝葡萄酒。蒙特勒还是浪漫的爵士之都，卢梭、拜伦、海明威等都曾以此地为背景进行创作。斯特拉文斯基、皇后乐队主唱弗雷迪·墨丘里也曾居住在此，如今这里每年夏天都要举办爵士音乐节。

蒙特勒小镇背山面水，临湖而建，大片的葡萄园作为小镇的自然背景，街道顺应地形而形成自由的路网格局，以小体量的建筑为主，尺度宜人。镇区有高速公路和铁路穿过，交通发达。

四、环境保护严格：高度重视，治理得当，避免"先污染、后治理"

德国在莱茵河开发中高度重视开发与保护的关系，特别是在20世纪60年代中后期，"绿党"作为一支政治力量形成与发展，对政府环境生态政策形成巨大压力。70年代初之后的30年里，德国耗费数百亿美元实现了莱茵河水的返清，生活垃圾分类集中处理、垃圾焚烧发电、循环经济等均为德国人首创。

总体而言，德国在莱茵河开发中虽然有"先建设、后治理"的过程，但时间不长，基本上走的是一条开发与保护相结合、发展与环境相协调的路子。尽管莱茵河流域各国经济发展水平不同，但实施莱茵河流域可持续管理的认识是相同的。莱茵河流域管理行动计划要求跨国和跨部门间的密切合作，计划中的措施有的由国家来实施，有的要求国家创造良好的环境来实施。它不是以某一地或单项管理措施为指导，而是以整个莱茵河流域的可持续发展为最终目标。

莱茵河曾是欧洲政治纠纷的源泉。第二次世界大战结束后，由于大规模的工业发展，大量排放污水，河水被污染，周边生态也遭到毁灭性的打击，莱茵河被人冠以"欧洲下水道"等恶名（图4-30）。

图4-30 曾经遭受严重污染的莱茵河

资料来源：http://blog.sina.com.cn/s/blog_150f3f7bd0102vvsm.html

为解决莱茵河受到严重污染等问题，莱茵河沿线各国成立了莱茵河国际保护委员会，对莱茵河的治理起到了极其重要的作用。沿线各国签订了《保护莱茵河伯尔尼公约》，奠定了共同治理莱茵河的基础。1987年该委员会通过了重在全面整治莱茵河的"莱茵河行动计划"，1995年莱茵河地区的"防洪行动计划"也获得批准。通过最初的治理清污到寻求莱茵河流域的可持续发展等一系列措施，莱茵河终于慢慢苏醒过来。这些措施包括：加强国际合作，共同协力承担污染治理责任；科学制定水质标准，严格执行环保法律法规；完善环保基础设施，控制污染物排放总量；调动企业积极性，实行清洁生产和废物再利用；采用先进的监测手段，统一监控莱茵河水质变化；制定治理长远规划，促进流域可持续发展。

五、交通设施便利：航运、铁路、特快列车三种交通方式使对外联系方便快捷

中上游莱茵河河谷的交通方式主要有航运、铁路、特快列车三种（图4-31）。

图4-31　莱茵河对外交通

资料来源：http://www.mafengwo.cn/gonglve/ziyouxing/14847.html

中上游莱茵河河谷现代航运兴起于19世纪，航运能力壮大主要归因于政府撤销了对航运的政治性限制、疏浚航道、莱茵河腹地的河网化、各国工业化等因素。至今莱茵河通航里程将近900千米，其中大约700千米可以行驶万吨海轮。同时，莱茵河还通过一系列运河与其他大河连接，构成一个四通八达的水运网。莱茵河流域的铁路主要位于美茵茨与科布伦茨之间，是从法兰克福开往凯伦方向、沿莱茵河两岸运行的路线，左岸是IC（InterCity，城际列车）和EC（EuroCity，

欧洲城市列车）特快等干线，坐在车内就可以从车窗欣赏莱茵河的景色。

六、借鉴思考：协调的跨国管理机制是莱茵河管治与发展的重要保障，沿河的生态环境保护及其与社会文化的融合是再生发展的基础，两岸城市功能差异化发展与便捷的交通联系是区域发展的动力

对比中国大运河，莱茵河虽然是自然河道而非人工河道，但莱茵河连通的国家和城市比较多、对区域发展的影响比较大，而且面临过河水污染严重，不得不大费周折进行治理的问题，与北京大运河当前面临的问题有类似之处，可以从中吸取经验。

（1）改革管理体制。莱茵河流经欧洲的9个国家，曾经出现河水污染严重的问题，最终通过建立最高决策机构——莱茵河国际保护委员会和莱茵河航行中央委员会，对莱茵河进行有效管理，实现了莱茵河的可持续利用。中国大运河（北京段）流经北京6个区，也面临着管理混乱、水质恶化等问题，建议建立"纵向衔接、横向协调"的跨部门管理机构，赋予该机构更多的行政管理权限。建立利益共享机制或税收分成制度，让参与文化带建设的地区、企业、个人都能从中获益，提高各方参与文化带建设的积极性。引入公众参与和监督机制，提高行政管理的科学性和民主性。

（2）完善法律体系。北京大运河虽然也有相关保护法律法规，包括国家、区域、地方层面的各类法律规定，但除了《大运河遗产保护规划（北京段）》和《大运河遗产保护管理办法》是直接针对大运河的，其他法律法规的针对性不强。建议针对产业发展、社区建设、城乡发展、生态建设、环境保护、旅游线路设计等各领域可能遇到的体制机制问题，从运河文化带的可持续发展角度，在规划、土地、环保和产业等涉及领域制定针对性法律，保障运河文化带的可持续发展。

（3）打造文化特色。莱茵河岸的每一座城市都有自己的特色产业和文化，每个城市都是围绕特色发展起来的。北京在运河文化带建设中，应牢牢抓住运河文化带的文化本质与内涵打造自己的特色，增强吸引力。

第五章 国外山岳型遗产地保护发展的案例研究

山地是自然旅游资源的主体，它包括山岳和丘陵两部分，其中高大的山称为岳。山岳自古以来就是中国人主要的审美对象，这表现在古人对诗文、绘画和音乐的创作和欣赏之中，可以说中国人有一种独特的山岳情结。截至2018年中国世界遗产达到53处，其中山岳型遗产地就有18处，约占总数的34%，是中国世界遗产的重要组成部分。

与第四章河流型遗产地不同，山岳型遗产地受地形地势等条件的影响，具有生态环境脆弱、可恢复性差、旅游辐射功能和拉动力不强、山脊线两侧开发不均衡等问题，因此遗产保护与利用的矛盾更加突出。需要说明的是，长城文化带位于北京北部和西部的山区，具有山岳型遗产地和大型线性文化遗产的共同特征，但从问题出发和限于篇幅等，我们将长城文化带归入山岳型遗产地的范畴。

如何处理好山岳型遗产地保护与发展的关系，既是当前长城文化带和西山文化带面临的重大问题，又是一个具有全国乃至世界意义的长期议题。第五章通过对英国哈德良长城、美国黑石河峡谷、日本纪伊山脉圣地三个案例的研究，总结出关于山岳型遗产地保护发展和文化带建设的一些成功经验，为长城文化带和西山文化带建设提供借鉴和启示。

第一节 英国哈德良长城的经验借鉴

英国哈德良长城是古罗马帝国精心修筑的位于英格兰北部的边防工事，它将英格兰和苏格兰分割开来，始建于公元122年，全长约118千米，包括城墙及里堡、塔楼、城堡、壁垒、道路等附属设施，城墙后面有要塞、军营、道路、居民区，是当时军事区的重要例证，见证了古罗马防御工事技术和地缘政治战略，它完整地代表了罗马帝国时代的戍边系统（杨丽霞，2010）。

一、功能价值转换：从军事防御工事转变为世界文化遗产，由军事功能转变为文化旅游功能，发挥新时期新功能的作用，使当地发展受益

哈德良长城作为世界文化遗产，包括长城沿线已知尚存于地上和地下的所有遗迹和一直延伸到坎布里亚（Cumbria）的防御工事及大量的外围遗迹（图5-1）。

图5-1 哈德良长城今日景色

资料来源：http://blog.sina.com.cn/s/blog_475d4a430102dy0d.html

哈德良长城大约10%的遗迹叠压在现代城镇之下，在长城周围存在一个非常宽广的缓冲区和大量遗迹。哈德良长城既是当时军事领域中重要的组成部分，又有力地说明了当时罗马人的技术水平、战略思想和地质学的发展。1987年哈德良长城被列入《世界遗产名录》，它满足三条世界文化遗产标准：一是古代文明的证明；二是人类历史上一个重要阶段的建筑和技术的突出例证；三是代表一种文化的土地利用的突出例证。

由于管理得当，哈德良长城的遗产利用与保护已经形成了良性循环。对遗产的保护大大扩充了哈德良长城的旅游开发空间，景区从1987年获得世界遗产资格时的5个增加到现在的11个，所创造的就业机会达6 000多个，年收入高达1.34亿英镑。

二、实行分区规划：划分遗产地范围和缓冲区边界，注重景观的整体性，进行分类保护

哈德良长城目前的世界遗产边界和缓冲区是由1996年第一轮管理规划确定并报经联合国教育、科学及文化组织世界遗产委员会于1997年批准通过的，遗产地范围仅包括受1979年通过的《古迹和考古区域法案》（*Ancient Monuments and Archaeological Areas Act*）所保护的在册古迹，并未覆盖哈德良长城的所有长度（English Heritage，1996）。根据在册古迹名录的调整、考古和研究的新发现及背景环境的变化，遗产地范围需要进行相应的调整和延伸，以满足新形势下的保护和管理需求，基于上轮规划的实施情况和规划期新的变化，2002年和2008年规划均对遗产地范围进行了调整。根据哈德良长城所经区域的地形变化、城镇及郊野差异和视觉分析确定由世界遗产边界外扩1~6千米范围为缓冲区，以加强哈德良长城的保护和管理。周边环境作为一个缓冲带，增加了对遗址的保护，避免对遗址的有害开发，有力保证了长城遗址的安全。另外，通过提高周边环境的景观质量，创造优美的视觉效果也为哈德良长城的旅游开发奠定了良好基础。

三、切实保护遗产：充分考虑长城周边的土地利用方式可能造成的不利影响，慎重选择社区的农牧业生产方式

哈德良长城周边地貌具有广阔性特点，体现在各村庄间保留的空间、土地现有的利用形式、开放的村庄、以当地传统材料建造的建筑，以及发展森林来增添地貌种类，发展并增加自然生物。由于哈德良长城的中心位于英国主要的农业地区，四周是工作区和生活区。周边社区的农牧业生产对哈德良长城周边环境有着直接影响（图5-2）。例如，修建新的大农场建筑，农村许多经营场所功能转变等，许多活动由于没有在规划之中，会给哈德良长城的地貌环境带来不良影响。

图5-2　哈德良长城周边农、牧场
资料来源：http://blog.sina.com.cn/s/blog_96d036f80102vv1d.html

哈德良长城和周边环境的自然栖息物及其本身的地质环境在许多方面都易遭到破坏，如不和谐的农业活动，特别是使用化学物品，游客和其他人类活动带来的干扰。周边社区农牧业结构对遗址和地貌也有很大影响，如降低牲畜养殖率，就能更多地种植蔬菜。但是，牲畜养殖率太低会导致一些不受欢迎的植物蔓延，如蕨类。蕨类植物地下茎的不断蔓延，将严重破坏地下古迹。因此，适当养殖牲畜有助于管理草地，使其得到可持续利用。

四、合理开发利用：通过发展长城旅游及文化艺术活动为沿线区域带来社会经济和环境效益，促进区域全面发展

在历史环境保护普遍用语方面，英国较多地用保护（conservation）而不是保存（preservation），保护较保存具有更广义的内涵，包括保存、维修及其他一些相关的措施，合理利用以取得良好的社会价值也常被作为保护的一个重要目标。哈德良长城亦不例外，通过博物馆、遗址展示、国家步道（national trail）和主题活动等各种方式向公众推介哈德良长城及其沿线的古迹遗址和自然风光。

英国早在1993年就成立了哈德良长城旅游合作伙伴关系（Hadrian's Wall Tourism Partnership）并从1995年开始设立全日制工作人员，主要负责协调长城沿线的旅游可持续发展并参与相关特殊项目，同时致力于通过旅游发展及其他文化艺术活动为长城沿线区域带来社会、经济、环境效益，促进长城沿线的综合开发和可持续发展（杨丽霞，2010）。

2003年英国沿哈德良长城设立国家步道，同时通过网站和宣传册等途径提供详细信息，为长城沿线带来了可观的商业机会和经济利益。此外，英国还开通了哈德良长城旅游专线，为非自驾车者提供便利的公共交通。2006年整合哈德良长

城旅游合作伙伴关系、规划协调小组等为哈德良遗产有限公司，整体负责哈德良长城的保护、规划、旅游发展等相关工作（杨丽霞，2010）。

　　展示方面，主要是考古遗址本身结合遗址博物馆。鼓励进行虚拟重建，如罗马军队博物馆很受欢迎的鹰眼影片（the Eagle's Eye film）中就有一部分是利用计算机技术对博物馆附近的Vindolanda城堡进行虚拟重建（杨丽霞，2010）。此外，每年定期或不定期举办一些主题活动，通过展示、表演、参与等方式再现当时的军事防御（图5-3）。还有一些特色旅游纪念品的制作发售。通过对文化资源的合理利用，实现遗产保护的社会价值。这种社会价值并不仅仅限于经济方面的衡量，而是具有更广的涵盖面，包括教育、社区发展、地方认知等。

图5-3　哈德良长城文化展示

资料来源：http://blog.sina.com.cn/s/blog_475d4a430102dy0d.html

五、社区良性互动：长城沿线农村和城镇社区与哈德良长城建立良性互动关系，社区文化、商店、酒吧、旅店是长城旅游的重要依托，长城为社区发展增加了知名度和发展机会

　　《哈德良长城管理规划》确认的保护工作的四项要求是：第一，保护考古遗址和周围有特色的自然与人文景观；第二，促进符合世界遗产保护的农牧业体系的发展，以免现代农耕或畜牧方式改变原有景观；第三，合理规划公众游览路线和游览方式，促进旅游业可持续发展；第四，通过遗产管理促进地区乃至全国经济发展。除保护哈德良长城周边环境外，对哈德良长城的旅游利用与当地社区也有紧密的关系，如社区的文化特色、景点有利于增强哈德良长城的

吸引力；社区的旅游设施，如商店、酒吧、旅店等都是哈德良长城旅游发展的重要依托。

《哈德良长城管理规划》认为，没有可持续的农牧业的发展，哈德良长城所在的人文与自然景观也将发生巨大变化，从而对哈德良长城的保护构成严重威胁。绝不能把当地居民和他们的经济活动视为遗产保护的敌人。相反，应当考虑他们的需求，获得他们的理解，并进一步开展相应合作。为此，哈德良长城保护机构做了大量工作，如利用解说系统促进当地居民和游客认识哈德良长城、充分尊重地方需求和保护地方利益、利用世界遗产的品牌效应促进地方发展、为地方教育提供各种机会等。这些措施极大地加强了长城与社区的联系，培养了当地居民的认同感，使附近居民自觉地参与到哈德良长城的保护之中。

附近的许多城市在发展中利用了哈德良长城品牌，如卡莱尔（Carlisle）就以边境城市和哈德良长城作为城市品牌（图5-4）。罗马帝国要塞及居住点的文化内涵，以及其作为哈德良长城西大门的重要地位，丰富了这座城市的旅游内容，促进了城市的旅游经济发展。此外，博物馆中关于哈德良长城的藏品和展示品，在卡莱尔城堡举办的展示罗马帝国历史的展览会，都进一步强化了城市形象，推进了当地旅游业的发展。在泰尼达尔（Tynedale），虽然世界遗产地只占了该区一小部分，但该区自称为"哈德良长城故乡"，以此提高该区的知名度。

图5-4　卡莱尔市城市景观

资料来源：http://blog.sina.com.cn/s/blog_4e1a9bf60100qc1s.html

哈德良长城旅游的繁荣，使区域经济和地方经济受益。哈德良长城"繁荣与企业"计划中的"哈德良意味着商业"项目致力于发展新行业和地方供应链，同时通过这些行业及其消费者，增进当地居民对世界遗产特殊品质的理解，提高当地社区和经济可持续发展的能力。例如，在考古资源的保护与管理中，雇用当地人才并发展其技能；引导顾客购买那些展示哈德良长城的当地产品；在全国范围的规模经济和支持地方产品的地方经济间找到平衡等。这一项目促进了哈德良长城10英里（1英里=1.609 344千米）内750家中小企业的发展。同时，整个计划增强了当地居民对哈德良长城的认同感，增强了当地居民对于拥有哈德良长城的自豪感。

六、长城解说战略：强调遗产各部分、各关联事项之间的紧密关系，将长城沿线文化整合凝聚成哈德良长城文化

1996年制定的哈德良长城解说战略，把解说作为一种促进交流、激起思考和获得新知的工具，促进了世界遗产地资源管理、游客快乐和行为的管理，以及社区的发展。

哈德良长城的解说强调遗产各部分和与之相联系的其他部分的关系，以及与所有有价值的事物之间的关系，包括它的地理位置、景观、自然栖息地，即强调遗产的统一性以及文化和遗产的相互依存性，进一步揭示遗产地的意义。它能提升对哈德良长城的历史认知，鼓励游客去探索遗产地的其他部分，以获得更广泛的关于哈德良长城的正确评价，并理解与整个哈德良长城相联系的遗产地在功能和场所方面的特殊性。

哈德良长城的解说传递了关于世界遗产地脆弱性的信息，从而影响游客的行为并告诉游客何种行为有助于保护遗址地，进一步保护后代人的利益。鼓励游客在一年中的特定时期来游览更多健全的遗址。通过解说，将哈德良长城沿线的遗产、城镇、乡村、社区、文化、经济、建筑等有机联系起来，凝练打造哈德良长城文化，从而使哈德良长城得到永续保护并得到精神升华，也使沿线区域通过遗产的品牌、对外影响力、营销机会等，找到了解决城乡发展问题的途径，为城乡发展创造了机会。

七、多方合作管理：成立哈德良长城管理规划委员会，建立多方合作、全民参与的管理机制，很好地应对了长城产权和利益构成的复杂性

哈德良长城不连续地穿越了英格兰北部的3个郡12个县及2个政府行政区域，所有权构成较为复杂，其中90%左右为私人产权，10%左右为地方政府、英格兰遗产委员会等机构和组织拥有，主要用于遗产保护和对外开放。哈德良长城不同地段的地貌也差异明显，长城西部为盐沼地貌、中部为丘陵地貌、东部位于人口稠密的城区，不同的环境对哈德良长城的保护也提出了不同的要求。哈德良长城

管理涉及国际、国家、地方政府、区域性组织、地方社区等多个利益群体的文化、学术、经济、休闲、教育、旅游等方面的利益。因此，哈德良长城的保护管理工作十分复杂，操作难度巨大（杨丽霞，2010）。

哈德良长城这种产权和利益构成的复杂性及自身的地域分布为保护管理工作带来了巨大挑战，解决办法是建立多方参与的合作机制。

（1）成立哈德良长城管理规划委员会。该委员会由来自英国遗产保护机构、地方政府、研究机构、博物馆、农民联合会、国家公园、民间保护团体等有关机构共30余个利益相关组织的代表组成，定期或不定期召开会议，讨论有关世界遗产保护和管理的各项事宜，负责监督和协调管理规划的修编和实施，为讨论各类相关问题以及促进遗产地合作提供一个平台，讨论可能影响哈德良长城及其缓冲区的项目报告，通过并监督年度规划、年度实施项目、优先行动项目，制定和通过保护、建档、研究、展示等相关政策和实施标准等。各利益相关组织或个人可以申请或被邀请加入哈德良长城管理规划委员会，代表各自的利益对管理规划的制定和实施提供建议和意见。

（2）管理规划的评议和公示。管理规划需要经过哈德良长城管理规划委员会至少一次的讨论评审，根据意见修改后向公众公示，公众可通过哈德良长城网站或直接联系哈德良遗产有限公司方便地获得规划公示文本并提供有关意见和建议，规划编制者需要对这些意见和建议进行分析研究，根据具体情况调整规划。

（3）公众参与。对于哈德良长城世界遗产地和缓冲区内的保护管理问题，除哈德良长城管理规划委员会在例会或临时会议上讨论外，公众也可以通过网络、信件、电话等方式与哈德良遗产有限公司联系，反映问题或发表意见。有些特殊项目，如有必要可以由规划部门或遗产保护部门组织进行社会公示，任何一个对此感兴趣的公众都可以发表评论和看法，提出意见和建议。

八、法律法规健全：专门制定《古迹与考古地区法》和周期性管理规划，确保长城的良性保护利用

早在19世纪80年代，英国政府就开始对哈德良长城开展保护性工作。到20世纪20年代，英国政府制定了《古迹与考古地区法》并于1928年把哈德良长城置于该法律保护之下。哈德良长城景区的门票收入只能用于维护景区及其服务设施和工作人员的工资，不能挪作他用。新建、改建和改变土地用途都需要相关地方当局依据英国发展控制立法进行审批。对受保护的考古遗址的任何干预都需要取得政府的同意，并听取英国遗产机构的建议。

除此之外，英国针对哈德良长城制定了统一的管理规划，确定5年内要达成

的中期目标和未来30年内要达成的远期目标。哈德良长城管理规划的执行期为5年，时隔5年后即修订一次，充分保证规划内容的可实施性（Hadrian's Wall Heritage Ltd.，2008）。对于规划的制定，不仅要考虑考古学家的建议，还要考虑生活和工作在遗产地范围内和周围的居民以及来此参观的旅游者的建议。完善的法律法规是哈德良长城免受破坏的保障，详细统一的管理规划也为哈德良长城的良性保护利用提供了依据。

九、借鉴思考：在遗产保护、开发利用、文化提升、管理管治、法律规范和聚落发展等方面处理好多种关系，是长城文化带发展的关键

哈德良长城实现了遗产保护与开发利用的良性循环，主要是处理好了多种关系，包括遗产保护上处理好遗产地和缓冲区的关系、开发利用上处理好遗产保护与经济发展的关系、文化提升上处理好长城沿线各地遗迹文化的关系、管理上处理好各利益所有者的关系、法律规范上处理好近期与远期的关系、功能发挥上处理好历史与现实的关系、聚落发展上处理好社区发展与遗产保护的关系。

长城文化带的保护利用同样要处理好这些关系。例如，在社区互动方面，哈德良长城对当地资源的利用，既实现了长城遗产的保护，又使当地居民获得巨大利润，同时带动了当地产业的迅猛发展，在这一点上很值得长城文化带借鉴。在文化带的建设中，对于原住民的处理，全部迁走是不妥当的，应该发挥原住民对于当地文化特别了解的优势，让其参与到文化带的建设中，增强其保护长城的自觉性和拥有长城的自豪感。

第二节　美国黑石河峡谷的经验借鉴

美国黑石河峡谷遗产廊道建立于1986年，凭借其独特而丰富的资源整合模式和别具一格的遗产保护策略，一直受到世界各国的关注，其保护策略值得借鉴。遗产廊道位于美国东北部，从马萨诸塞州的伍斯特（Worcester）一直延伸到罗得岛州的普罗维登斯（Providence），途经黑石河、密尔维尔、萨顿、密尔巴顿、马萨诸塞等24个城镇，全长74千米。这条遗产廊道在美国历史上有着重要的意义，美国第一个棉纺厂就坐落在黑石河沿岸罗得岛州的柏德基，使用水力作为能源的创举开始了美国农业向工业的转变。因此，黑石河峡谷被称为"美国工业革命的诞生地"。

1986年1月10日通过的国会立法（Public-Law 99-647）明确提出保护黑石河峡谷区域独特且重要的自然、历史、文化价值。1998年黑石河被命名为美国遗产河流（American Heritage River）。美国政府对黑石河水质进行了治理，使曾经受到工业污染的黑石河峡谷水域复原为可供游泳、垂钓的舒适场所。峡谷区域拥有上万个当地农场主、机械工人、银行家、运河挖掘者等形形色色的历史故事。经过多年的不懈努力，2014年黑石河峡谷遗产廊道成为美国七大国家公园之一，美国不仅科学地保护了当地的文化遗产，而且带动了周边相关产业的发展，真正做到了文化保护与资源发展相结合。

一、历史价值传承：开发为廊道遗址公园，传承历史价值

在黑石河流域和支流地区有很多自然资源，如沿河的森林、田地、岩石、野生植物等。如今，黑石河峡谷已成为包含数以千计自然和历史宝藏的活态景观的特殊国家公园（Zube，1995；Susan，2007）。美国国家登记注册的历史地区的文献资料记载，黑石河地区有471个非常有价值的历史和考古资源。这些资源包括144个建筑物、4个石碑、165个考古与非考古地点和158个构筑物（王肖宇和陈伯超，2007）。建筑物包括住宅、农场、工厂等；石碑包括纪念碑和河段的标注里程碑；地点包括整体或部分遗存的和在地面上看不见但仍是考古资源的地点；构筑物包含以前的农场、水池、桥梁、工厂、里程碑、闸河、街道交叉口、筑堤，还有河流支流遗存、管沟、纤路、闸河、池塘、便道、桥梁、水坝、控水门等（图5-5）。

图5-5　黑石河峡谷纪念碑雕塑

资料来源：https://baijiahao.baidu.com/s?id=1623999893541062435&wfr=spider&for=pc

这条廊道的早期工业历史记录源于"罗得岛州制造业"。早期私人投资者利用家庭成员在村庄建立制造工厂。这一地区的文化体现在这里的各类人：英国人、法国人、加拿大人、德国人、地中海和欧洲南部的人、斯拉夫人和欧洲东部的人、非洲人、东南亚人和拉丁美洲人，峡谷中也有美国本地

人。廊道的文化资源可以通过展览、举办节日、利用学校举行活动等方式向大众宣传。

二、遗产廊道保护：四项保护目标与三期发展方案并行，保护与开发利用并重

黑石河峡谷遗产廊道管理规划《回顾过去，展望未来》（*Reflecting on the Past, Looking to the Future*）中制定了四项保护目标，分别是：①解读美国工业革命历史；②保护、加强峡谷社区建设；③平衡遗产保护和经济发展；④促进流域复兴。这四项目标旨在基于保护黑石河峡谷遗产廊道，充分发挥其独有的文化特色和历史内涵，带动周边城镇经济发展，实现全领域的共同发展。

Reflecting on the Past, Looking to the Future 专项规划中根据保护目标，制定了三个层面的发展方案，即短期目标、中期目标、长期目标。短期目标是对廊道的保存和保护，内容是恢复、保护、保存廊道的文化、历史、自然资源，特别是对廊道内关于美国工业化发展、转变的重要景观的保护，如黑石河、磨坊、村庄、农场及其他历史建筑、遗址和景观。中期目标是维护和加强管理。黑石河有一半的河段是有水的，这些河段都需要加固维护，有的需要重修。因此，建议重修的河段节点需要制订计划以便将来进行管理和维护，这个计划应该在复原和重建行动开始之前完成。考虑到对自然、历史、考古学资源的潜在影响，由政府及相关部门来制订计划。长期目标是复原、重建和宣传。2007年，黑石河已经确认了5个关键节点需要复原或重建河段结构，这些节点都是具有特色的区域（王肖宇和陈伯超，2007）。

三、廊道宣传模式：宣传手法多样、力度到位

作为长期目标，美国对黑石河峡谷的宣传手法十分丰富（李军，2014）。例如，在原住民聚居地建立博物馆或游客中心；设计并长期发展路线上的用于阐释说明的展品；设计、生产、分发有关说明材料，如地图、旅行指南等用来描述廊道的历史、文化、自然资源的说明书等；培训志愿讲解人员、建立廊道历史文化知识库，向公众讲述美国工业化的多样故事，包括工业化从黑石河谷开始的条件、超越黑石河谷的扩张、对地区物理和社会环境的影响、来自不同背景的人们对工业化发展的影响和被影响、多元化文化遗产的创造等（图5-6）。

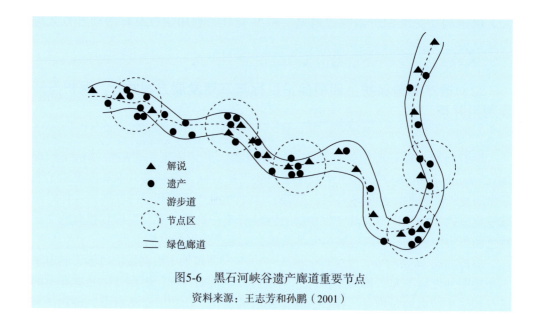

图5-6　黑石河峡谷遗产廊道重要节点

资料来源：王志芳和孙鹏（2001）

四、旅游开发利用：注重历史建筑的再利用、传统模式的保护与生态系统的恢复

黑石河峡谷遗产廊道有着丰富的历史资源、自然资源、文化资源，十分适合发展旅游业，特别是以遗产廊道的形式修建相关旅游景点，可以方便游人来到这里旅游。

黑石河峡谷区域的文化体现在工业革命时期遗存的工厂、磨坊、农场等历史遗产以及外来移民所产生的文化多样性之中。这里保存着古老的农舍、磨坊、教堂、房屋，可以让来到这里的游客感受当地的历史。

黑石河峡谷传统的聚落特征是源自19世纪的农场到工厂模式，这种独特的形态是遗产区域区别于其他地域的特点和宣传重点，黑石河峡谷的传统城镇风貌以及廊道空间形态都是吸引游客前来旅行体验的关键因素。游客可以沿着阿克斯布里奇（Uxbridge）的河湾农场（River Bend Farm）边的纤道徒步或是骑行，呼吸新鲜空气，或是去坎伯兰（Cumberland）的黑石河国家公园走走。

因工业化和周围居民的日常生活，黑石河的水质曾经恶化严重、河岸受到侵蚀、水位波动、野生动物栖息地遭到破坏，政府及时制定规划，将区域内水系作为内在联系的自然系统加以保护，提高环保项目的区域协作性并将沿河地块开发为公共开放地，供游人游憩休闲，游客可以在黑石河上花一天时间划皮划艇，以便感受当地的文化气息（刘佳燕和陈宇琳，2006）。

五、政府管理机制：专门委员会统筹，三大特色发展策略

黑石河峡谷遗产廊道从1986年遗产区域成立以来，一直由黑石河峡谷国家遗产廊道委员会负责统筹规划发展。这个委员会由区域内各地政府委任的代表组成。委员会采取的区域保护和发展策略有三点：一是通过学校说明廊道历史和特色，加强当地的公众教育，向全民普及文化遗产保护的重要性；二是整合地方和国家级的合作体系；三是针对重点资源的定向投资，由于黑石河的节点保护需要获得资金支持，资金来自对廊道有兴趣的人士捐赠或者利用国家、州和本地的资金，资金主要用于选择性的保护和保存。

六、制定专项规划：根据专业调研和居民意愿制定

规划的主要任务是恢复和保存廊道的文化、历史、自然景观；向公众叙述工业化的多维故事；通过重建规划、兴办教育、增加休闲场所等措施促进遗产的可持续利用，增加公众享受遗产资源的机会；促进地区和社区的复兴；建立并维护社区的合作网络。黑石河峡谷遗产廊道由专项规划*Reflecting on the Past*，*Looking to the Future*进行统筹。该规划研究了遗产廊道的现状、可能面对的问题以及需要采取的规划策略等内容。黑石河峡谷国家遗产廊道委员会根据调研的成果和当地居民的意愿，制定遗产廊道的未来愿景、规划目标和规划任务，作为遗产廊道未来发展的方向。

第三节　日本纪伊山脉圣地的经验借鉴

纪伊山脉位于日本奈良、京都之南，是伸向太平洋的纪伊半岛的大部分山岳地带。

纪伊山脉圣地是日本的神道教和佛教中心，2004年入选《世界遗产名录》。联合国教育、科学及文化组织对纪伊山脉的描述为：吉野大峰、熊野三山、高野山三座圣地坐落于纪伊山脉茂密的森林中，俯瞰太平洋，它们通过多条参拜古道连接奈良和京都两个古都，反映出根植于日本自然崇拜和古老传统的神道教与从中国和朝鲜半岛引入日本的佛教的相互融合（世界遗产中心，2017）。该遗址及其周围的森林景观是1 200多年持续保留完好的圣地传统的写照，是日

本现存文化的一部分。

　　纪伊山脉圣地约在6世纪中期成为真言宗的山岳修行场，朝圣路线的形成则始于8~9世纪的社会动荡时期。纪伊山脉圣地的各寺院高僧辈出，很快成为日本的佛教圣地，历代天皇与将军纷纷到访参拜与赏樱，极大地促进了纪伊山脉圣地寺庙设施的改善，并带来皇室和贵族的资金和管理支持。12世纪末纪伊山脉圣地在日本的圣山地位得以确定并一直维持至今。14~16世纪随着皇室中央集权的衰落和货币经济的发展，朝圣活动不再仅仅局限于贵族之间，而是扩散到所有可以负担旅行支出的阶层。1868年明治维新后，虽然寺庙的土地被政府收回，但寺庙从政府和普通人那里得到的支持并未减少，道路条件的改善也使前往纪伊山脉圣地朝圣和旅行的人数增加。1897年日本政府颁布了保护历史建筑的《古神社、寺庙保存法》，1919年将保护范围延伸至自然遗产并在1929年再次强化。第二次世界大战后，随着日本经济的复苏，纪伊山脉圣地的游客数量增多，每年吸引多达1 500万名游客来参拜和游览。

一、历史价值延续：大力发展文化旅游业，传承朝圣的文化传统

　　一方面，修验道、神佛相容、真言密教等各教派保持着独自的特性；另一方面，作为山岳灵地相互关联沟通而发展至今，对日本精神文化的形成有很大的影响。故而，纪伊山脉圣地和朝圣路线是由依循山岳形成的三处灵地和三条参拜道所组成，是一处体现了大自然的雄伟与人们的信仰相结合而交织成的文化景观，这也是这一文化遗产的重要支柱。

　　三条朝圣路线分别指横跨奈良县、和歌山县、三重县的三个宗教圣地——吉野大峰、熊野三山、高野山，以及连接这些宗教圣地的朝圣路线。连接这三座佛教寺院的朝圣路线是世界文化遗产。主要的朝圣路线包括中边路、小边路、大峰奥驱道、伊势路、高野山町石道五条道路。山路上有很多段的陡石梯路，单是这些古路就充满了神秘色彩和浓重的历史韵味，可供游人一边观赏自然景色，一边漫步。

　　纪伊山脉圣地遗迹的主体是高野山、吉野山、金峰山。自古以来这三座山就是山岳信仰的圣地。平安时代，真言宗的创立者空海大师跟随遣唐使到中国习佛，学成归国后在此创教建寺，即金峰山寺。

　　2004年纪伊山脉圣地入选《世界遗产名录》，联合国教育、科学及文化组织对纪伊山脉圣地入选世界文化遗产遵循着如下四条标准。

　　（1）形成纪伊山脉圣地文化景观的历史遗迹独一无二地融合了神道教与佛教并显示了东亚宗教文化的交流与发展。

　　（2）纪伊山的神社神道与佛教寺庙以及将神道教和佛教相结合的宗教仪式

作为特殊的证明，承载着超过1 000年的日本宗教文化发展史。

（3）纪伊山成为独特的神社和佛寺形式创作的背景，这些神社和佛寺形式深刻地影响了日本其他地区的神社和佛寺形式。

（4）纪伊山的文化景观和森林景观一同反映出了超过1 200年持久的并得到良好记录的圣山传统。

二、生态景观保护：既保护自然景观，又设立人文景观，自然与人文景观相协调

纪伊山脉自古以来就是日本自然崇拜的代表，除了神社庙堂之外，这里的山水草木都被赋予了神性。纪伊山脉的远古森林得到了完好保存，并与人文遗产一同构成了文化景观（图5-7）。

图5-7　纪伊山中的人文景观

资料来源：http://blog.sina.com.cn/s/blog_781345030100sdux.html

纪伊山脉圣地独特的宗教融合背景赋予了其独特的文化景观，而自然崇拜的传统使文化景观在发展的同时又保存了自然景观的原貌。在通往各个神社灵地的参拜道中，山、岩石、树木、森林、河流、瀑布等遍布其间，这些自然要素成为神化的崇拜对象，对遗产区域及周边环境保护起到了非常重要的作用。

三、旅游带动经济：文化传播吸引大量外地游客来此朝圣，感受当地文化气息，并带动当地经济发展

纪伊山脉圣地作为日本佛教的中心，吸引了大批的朝圣者。第二次世界大战以

后，特别是被联合国教育、科学及文化组织列为世界上第二条文化线路世界遗产以来，纪伊山脉更是吸引了来自世界各地希望探寻日本宗教起源的游客（图5-8）。纪伊山脉设有为朝圣者和游客提供住宿的僧房、宾馆、温泉酒店等设施，还配有通晓当地历史的导游和设计合理的游览线路，旅游业成为当地各县的支柱产业。

图5-8　纪伊山朝圣者

资料来源：https://club.tgfcer.com/thread-7535898-1-1.html

四、盛景各具特色：山脉三处盛景独具匠心，互不冗余，不设重复景观，每一处都有各自的特点

三大圣地，吉野大峰、熊野三山、高野山，每一个地方都有自己的特色并且根据特色进行相关建设，开展有关活动。吉野大峰位于纪伊山脉的北部，以修验道的圣地而得到发展。吉野大峰也是著名的山樱花胜地，据说1594年丰臣秀吉将军在这里举办了一次豪华的赏花宴（图5-9）。修验道的中心寺院——金峰山寺每年4月都会举办盛大的集会，用樱花作为供品。

图5-9　吉野大峰与金峰山寺景色

资料来源：http://blog.sina.com.cn/s/blog_57a711e30102x1a6.html

　　熊野三山是纪伊山脉东南部三座神社的总称。游客若想欣赏周边的美景，一般会在胜浦温泉或本宫温泉住上一晚，细细品味、慢慢欣赏。那智瀑布是日本为数不多的高落差瀑布之一，传说触摸到瀑布的飞沫，可长生不老。因此，瀑潭附近总是聚集着很多游人（图5-10）。

图5-10　熊野三山与那智瀑布景色

资料来源：http://blog.sina.com.cn/s/blog_57a711e30102x1a6.html

　　高野山上有100多座寺院，俨然一座名副其实的宗教城市。其中，以816年由空海和尚建造的金刚峰寺最为有名，不但可以欣赏到史书上有记载的名画家所绘的豪华隔扇，还可以参观丰臣秀吉的侄子丰臣秀次剖腹自尽的房间。另外，高野山以体验宿坊（寺院内供游客住宿的设施）的寺庙多而闻名。住在寺院里，可以参加抄写佛经、朝夕念经等活动，还可以品尝严格按照宗教戒律烹制的斋饭，这些在一般的日式旅馆里是体验不到的。因此，颇受外国游客的青睐（图5-11）。

图5-11　高野山景色

资料来源：http://blog.sina.com.cn/s/blog_57a711e30102x1a6.htm

由于三个圣地之间各具特色，游客在三个圣地之间游玩不会感到丝毫的乏味。

五、规划管理体系：由政府建立综合规划体系，分层次多方面明确管理内容

自然景观是纪伊山脉宗教文化的重要组成部分，而1 000多年来都受益于国家最高决策层的保护，因此纪伊山地区的原始生态得到了很好的保存。而且为了存续和开发纪伊山脉圣地，政府逐步建立了综合的规划体系，包括从顶层的总体规划到主要文化遗产管理措施的各个方面，明确了遗产产权、保护方法、保护范围、资金来源、管理措施等一系列规划要素。

六、特色要素保留：圣地内仍以步行为主要交通方式，并且步道系统完善

在山脉内部的三座圣山之间有参拜道相连，参拜道一般不到1米宽，大部分为土路，罕见石质台阶。参拜道设计陡峭难行，不以快速流动为目的，而被认为是一种修行手段。纪伊山脉通过朝圣路与京都和日本其他部分相连接，正是这些朝圣路的发展使明治维新后前往纪伊山脉朝圣的人数得以增加，更突显其除朝圣路修行以外，作为古老的交通要道的重要性（图5-12）。

图5-12　纪伊山脉内部步道

资料来源：https://wenku.baidu.com/view/29c087dca0116c175f0e486e.html

七、借鉴思考：保留特色文化要素，扩大知名度，推动旅游业发展

纪伊山脉圣地和西山文化带类似，两者都是有着文化气息的景点，两者都有优美的自然景观与人文景观。在纪伊山脉圣地保护开发上，日本抓住了文化传承这一点，不断发展、扩大，慕名而来的游客被这里的文化气息所吸引。而西山文化带同样具有强烈的文化气息，在开发上，要围绕文化传承与发扬进行。

第六章　国外案例对北京三条文化带的启示

尽管中国与英国、法国、德国、美国、日本等发达国家在经济发展水平、公民遗产保护意识、行政管理体制等方面存在很大的不同，但一些带有普遍意义的成功经验仍具有宝贵的启示作用。通过第四章、第五章的案例分析，我们可以在以下几点达成共识：①建立分工明确的管理体制，避免多部门交叉管理产生的矛盾；②划定不同的类型区和开发边界，通过规划来控制和引导建设；③协调遗产保护与利用的关系，在保护的前提下对遗产进行可持续利用；④合理引导产业发展，通过产业发展促进区域经济发展；⑤建立和健全法律体系，使遗产的保护利用有法可依；⑥水利、生态、经济、社会等多部门共同参与，协调统一；⑦公众参与、社区营造，充分考虑原住民的意见并维护他们的合理权益。由于三条文化带在自然地理条件、人口集聚条件、经济发展水平、区域合作条件等方面存在差异，我们分别阐述国外案例对这三条文化带的启示和借鉴意义。

第一节　对运河文化带的启示

国外的里多运河、米迪运河、中上游莱茵河，虽然与北京大运河在本底上有所不同，但在保护发展中的经验都是经典、全方位、成功的，值得运河文化带借鉴、吸收和利用。

一、深入发掘运河文化带物质文化遗产和非物质文化遗产资源，将其汇集成具有吸引力的运河文化

运河文化带的发展最终要依靠核心资源。这些资源可以是物质的，也可以是非物质的；可以是看得见的，也可以是看不见的；可以是地上的，也可以是地下的；可以是自然的，也可以是人文的；可以是实体的，也可是虚拟的。总之，只有全方位整合运河文化带资源，使之具有总量上的优势，再提炼文化内涵，才具有引领和带动区域发展的力量。里多运河、米迪运河正是有效整合了运河本身及其沿岸的多种资源，才能够成为区域可持续发展的动力引擎。

北京大运河具有这样的条件，然而目前对大运河文化资源的认识比较窄，没有对运河文化进行全方位的挖掘。北京地区的运河开凿历史非常悠久，隋唐时期永济渠的开凿开启了由水道运粮至北京的历史，金代开凿了以北京为漕运中心的人工运河，元代郭守敬实施通惠河水源工程和航道工程，使运河进入最为繁荣兴盛的时期，明、清两朝基本沿用了元朝的运河线路，清末随着现代铁路的兴起，漕运终止。因此，建议成立专门的北京大运河研究会，吸纳多领域、多学科、多层次的专家、学者，挖掘北京大运河的各种文化精髓，为整合运河文化资源、提炼运河文化精神提供智力支持。我们欣喜地看到，2017年首都师范大学依托联合国教育、科学及文化组织生态水文信息学教席、水资源安全实验室以及历史、文化、地理信息和遥感等方面的科研力量，在北京市委、市政府相关部门的支持和指导下，成立了北京文化带研究院，旨在为政府部门、社会公众提供大运河文化带保护、利用、建设等方面的高端咨询，服务北京全国文化中心建设。

二、合理划定运河文化带的区域范围，确定核心保护区、价值敏感区、价值影响区，实行分区管治

分区管治是里多运河和米迪运河的成功经验。在里多运河遗产保护管理行动上，加拿大公园管理局划定了核心区与缓冲区，负责监督管理运河建筑和工程构造物，保持历史肌理，保证安全与合理使用，保护运河河床遗址，参与城市规划和海滨土地开发，关注敏感地带开发及运河遗产特征保护。核心区范围包括运河结构体系和与之相联系的碉堡等防御结构体系。沿运河两岸30米宽的范围划定为缓冲区；缓冲区内不允许新的建设，挨着缓冲区可以建设，但要求对环境没有破坏。米迪运河设置了两个不同的保护级别，所使用的保护手段也不同。第一级是运河本体，总面积1 172公顷，由法国航道管理局管理；第二级包括运河景观缓冲保护区内的河道、水渠、景观，由各市镇分别管理。米迪运河的缓冲区包括三个部分——运河沿线、运河分支沿线和引水渠沿线，并在河道两岸划出遗产价值敏感区和遗产价值影响区，由河道所在地政府对区内开发建设项目进行控制。

借鉴里多运河和米迪运河的经验，北京大运河也可以采用分区、分级、分类的管治方式，首先需要划定北京运河文化带的区域范围，然后再分为以下三个层次。

（1）核心保护区。把拥有地上、地下相关遗产的区域划入，将河道、桥梁、仓库、码头、碑刻、公园等遗产资源纳入严格保护的范围，按照《中华人民共和国文物保护法》实施保护。

（2）价值敏感区。把运河沿岸受运河影响较大的区域纳入，将运河文化直接融入该区的产业发展、社区建设、城乡发展、生态建设、环境保护等各个领域。这是运河文化旅游线路的核心区，更是运河文化带能够成为世界文化遗产的关键区域。

（3）价值影响区。把运河文化带相关的区全部并入，这是考虑到该区域遗产保护和发展项目的有效实施，最终要靠区级层面落实，而运河最终将会成为这些区未来发展的重要依托。

同时，按照省级空间规划体系改革试点的要求，借鉴"三区三线"的做法，划定文化遗产保护红线，将其纳入未来的城市空间规划体系及"多规合一"信息管理平台。

三、制定运河文化带保护发展规划和配套法律法规，确保文化带整体协调发展，实现分区保护、管理与利用

整体性规划和直接相关的配套法律法规是里多运河、米迪运河、中上游莱茵河的成功保障。针对里多运河，加拿大公园管理局在法律制度层面构建了一套完整的法律体系，涵盖规划、土地、环保、历史、产业等全部涉及领域并严格遵循。米迪运河自17世纪开凿以来就有比较完备的法律规定，最早是1666年的穆郎法令；而后是1956年颁布的十月法令，其中共有58项条款是专门针对米迪运河的。现今也有两部法律《法国公共水域及运河条例》和《个人集体所有权普适条例》用于运河的管理。在申遗成功后，法国又出台了很多管理章程，如《米迪运河遗产管理手册》、《米迪运河景观建设规章》、《瑙鲁兹分水岭管理手册》和《植物管理方案》，使运河的保护和建设管理能够做到有章可依。莱茵河拥有明确、清晰的政策法规，沿岸各国制定了《曼海姆·莱茵河航道公约》，遵循《"马可·波罗"海上和内陆水运法规》等国际法以协调各国对水资源的统一开发利用。莱茵河沿岸各国遵循这些法规并建立标准化的内陆水运市场，推行自由化市场经济政策，发挥市场的调节作用。

北京大运河虽然也有一系列保护法律和法规，包括国家层面、区域层面和地方层面的各类法律、规范、要求、规定等文件，但除了《大运河遗产保护规划（北京段）》和《大运河遗产保护管理办法》是直接针对大运河的，并没有其他专门针对大运河的法律法规，而且这一规划和管理办法偏重于对核心区的保护，对于文化带的发展缺少相关法律法规。建议结合运河文化价值敏感区的发展，针

对产业发展、社区建设、城乡发展、生态建设、环境保护、旅游线路设计等各个领域可能遇到的体制机制问题，从整个运河文化带的可持续发展角度，在规划、土地、环保、历史和产业等领域，制定针对性的法律规范，保障运河文化带的可持续发展。

四、确定北京大运河在中国大运河的文化功能定位，发挥北京大运河在中国大运河文化遗产中的龙头作用

运河文化带所依托的北京大运河是中国大运河的一部分，北京运河文化带的发展需要建立在中国大运河这一世界文化遗产之上，需要明确其在中国大运河中的定位。中国大运河也是一个整体，不能将北京运河文化带孤立于中国大运河之外，应借助中国大运河的资源来发展北京运河文化带，通过北京运河文化带引领和带动中国大运河线状区域的发展。

中国大运河是世界上里程最长、工程最大的古代运河，也是最古老的运河之一，与长城、坎儿井并称为中国古代的三项伟大工程并且使用至今，是中国古代劳动人民创造的一项伟大工程，是中国文化地位的象征之一。中国大运河对中国南北方之间的经济、文化交流，特别是沿线地区的工农业发展起到了巨大的推动作用。北京与大运河关系密切，在3000多年的建城史中，由于重要的历史、地理、军事、政治地位，北京在中国古代漕运史上有着突出的地位。其中，隋唐时期北京是大运河北端的边防重镇，元、明、清时期北京成为国家首都，是大运河的终点城市。今天北京依然是国家的首都，北京大运河应该成为中国大运河线状区域发展的龙头，带动整个区域发展。

五、将运河文化带的保护发展转变成运河带状区域城市景观美化、生态环境改善、城市污水治理、居民生活改善、产业转型发展的良机，实现大运河对区域发展的整体带动

从里多运河、米迪运河、中上游莱茵河的成功经验可以看出，运河带动区域发展的关键是巧妙处理好运河（河流）与城市景观、生态环境、城镇发展、居民生活、产业发展的关系。里多运河制定了针对性的景观廊道策略，从运河景观的多样性、功能的变化性、线路的整体性、构成的差异性、环境的协调性、文化的融合性、管理的有效性等多个方面推动里多运河的保护、开发、利用与管理，实现了里多运河在新时期功能的合理演替，推动了里多运河沿线区域的产业、文化、城镇、生态等全方位发展。米迪运河同样强调运河沿线景观保护开发的完整

性，将运河渗透到沿线区域的文物遗产、自然景观、非物质文化、社会生活、产业发展（尤其是旅游业）、生态保护、城镇建设等各个方面，通过将运河沿线零散的物质文化和非物质文化遗产连接起来，凝练成运河文化遗产，再通过运河文化遗产提升区域整体的文化软实力，进而带动区域产业、社会、文化、城乡等多个方面的发展，使运河与区域相互依赖和共同发展。中上游莱茵河则注重河岸城市的特色产业或文化，每个城市都是围绕这个特色发展起来的，实现了中上游莱茵河沿线区域的城市差异化发展。

运河文化带也需要处理好北京大运河与城市景观美化、生态环境改善、城市污水治理、居民生活改善、产业转型发展的关系。

城市景观美化方面，要以沿岸具有地方文化特色和景观一致性的城镇和社区为突破口，建设一批特色小镇、文化小城、美丽乡村，以此作为未来运河旅游线路上的重要旅游点和服务点。

生态环境改善方面，以北京大运河整治为契机，配合市政园林绿化等部门，从长远考虑，运河两岸开展植树造林，这不仅仅是园林绿化，更主要的是景观设计和文化体现。

城市污水治理方面，配合市政工程建设地下综合管廊，实现雨污分流，彻底解决运河污水问题，提高城市管网水平。

居民生活改善方面，让沿河居民充分参与运河保护和景观营造，发挥当地居民的作用，传播运河文化，参与运河决策，提供文化服务，增加居民收入。

产业转型发展方面，建设文化创意产业园区，发展文化创意产业和文化旅游产业，实现地区产业转型。

六、建立多层次多尺度的旅游线路，提高便捷性和互动性

发展旅游业是北京大运河在新时期功能演替的最佳选择，里多运河、米迪运河、中上游莱茵河的旅游业发展是成功的。里多运河沿线城镇、村庄、主要景点之间都有便捷的公路连接线，而且设计了长达300千米的骑行步道，成为运河的一部分以及游客与运河互动的场所。米迪运河更是发展了多主题、各具特色的旅游线路，提倡在开发运河旅游的同时也开发临近的旅游点；通过开通道路、远足路线、旅游咨询点，吸引游客注意力，延长游客的旅行时间；做好运河和中心城镇的水路对接，使游客可以通过水路很方便地进入城镇游览，如自行车道和游船码头的建立。

运河文化带可以根据北京大运河之间的连通性，进行长远设计和规划，既不能受制于现状，又不能大兴土木，巧妙设计旅游线路，建设小尺度的步行道、中尺度的骑行道、大尺度的自驾车道、合理尺度的客轮旅游线路，最终实现运河文

化带的多层次、多尺度、多方面的文化旅游发展（孙威等，2018）。

七、成立运河文化带行政管理部门和筹划指导委员会，实现运河保护利用多部门、多单位、多区县的协调

不管是里多运河、米迪运河这样的人工运河，还是中上游莱茵河这样的自然河流，沿线区域的整体保护和发展都离不开有效的管治。里多运河采用了垂直管理方式，由加拿大公园管理局管辖，并与省、市政府一起，协调保护与发展的关系，各级政府各司其职，加强遗产保护的有效性。米迪运河建立了纵横衔接、分工明确的管理体系，国家把运河具体的管理、维护、开发权下放给法国航道管理局和可持续生态发展、交通及住宅部，图卢兹水运管理处负责米迪运河的各项事务，同时设置了大区遗产和景观委员会、跨地区管辖中心两个横向管理机构，协调各权利主体的利益关系。中上游莱茵河的跨国管理机制更是可持续发展的重要保障，最高决策机构莱茵河国际保护委员会和莱茵河航行中央委员会发挥了重要作用。

北京运河文化带的发展，离不开协调有力的行政管理部门。建议建立"纵向衔接、横向协调"的跨部门管理机构，如市级文化带保护开发领导小组或委员会，赋予该机构更多的行政管理权限。在北京市人民政府或北京市发展和改革委员会设立运河文化带协调发展办公室，下设档案资料处、环境和遗产政策处、基础设施发展处和秘书处，负责运河文化带的遗产保护和区域发展事宜。成立运河文化筹划指导委员会，由区级主管领导、文物、发改、规划、建设、国土、交通、旅游等部门领导，建筑、城市规划、景观遗产或人类学方面的专家，遗产保护发展相关的协会代表和当地居民组成，对运河相关项目进行投票，并对运河保护与发展项目实施监督。

第二节　对长城文化带的启示

长城文化带的文化内涵是"融合与互动"，因此可以参考英国哈德良长城的发展模式，借鉴解说战略，利用当地居民对长城的深度理解向游客解说，提升游客对哈德良长城的历史认知度，鼓励游客去探索遗产地的其他部分，同时引导顾客购买那些展示哈德良长城的当地产品，带动当地经济发展，在景区开发时注重发挥景区内部原住民的作用。

一、重视长城本体的保护，防止长城继续受到自然和人为的损害

长城自从建成以来饱受自然的侵蚀，自然风化和植物根系的物化作用使部分长城损毁，这种损毁使长城处于自然消亡之中，因此需要投入大量资金和精力去保证长城本体的原真性，在其受到无法修复的毁坏之前实行保护措施。在人为方面，要避免城镇化对长城区域带来的破坏，在长城区域尽量减少现代化城市设施的建设，如哈德良长城周边，仍然保持着其原始农牧业的区域，并没有受到城市化的侵蚀，因此其独特的文化也得以保留。

二、长城文化带实行分区管治，进行分类建设

哈德良长城根据长城本体所经区域的地形变化、城镇及郊野差异和视觉分析，确定由世界遗产边界外扩1~6千米范围为缓冲区，目的是加强哈德良长城的保护和管理，避免对遗址的有害开发，有力确保长城遗址的安全，也可以提高周边环境的景观质量，创造优美的视觉效果，为哈德良长城的旅游开发奠定良好基础。长城文化带也可以借鉴此经验对长城进行分区管治，在核心保护区禁止一切人为建设活动干预。

三、充分利用长城地区原住民的优势，合理开发旅游业，形成品牌效应

哈德良长城沿线农村和城镇社区与哈德良长城建立了良性互动关系，当地居民在村落开设了商店、酒吧、旅店等独具社区文化特色的商业设施，是哈德良长城旅游的重要依托，哈德良长城为社区发展增加了知名度和发展机会，给当地居民带来了良好收入。而对于北京长城地区的村落，政府采取的措施是将大部分村落整体迁走，这些村落有最原真的风俗文化，这里的原住民有着最真实的历史记忆，将原住民迁走也就意味着这份资源的流失。因此，应充分利用这些资源，将村落改造成商店、旅店、度假村等形式的商业设施，将特有的北京长城文化传承下去、发扬光大（孙威和毛凌潇，2017）。

四、加强景点之间的联系，凝聚成整体的长城文化

哈德良长城通过解说战略，利用当地居民向游客展示哈德良长城的信息，强调遗产各部分之间的紧密关系，将长城沿线文化整合凝聚成哈德良长城文化。北京长城目前存在资源缺乏统筹整合、空间断裂、连接不通畅等问题，受地形因素的限制无法实现交通上的连通，因此合理利用当地居民进行旅游引导是最合适的解决方式。通过当地居民向游客讲解长城的历史，并鼓励游客去探索遗址地的其他部分，可以让游客获得更广泛的关于长城的认知。

第三节　对西山文化带的启示

美国黑石河峡谷遗产廊道和日本纪伊山脉圣地都有浓厚的历史文化底蕴，有很多物质与非物质文化遗产得以保留。在遗产保护方面，黑石河峡谷建立了专门的遗产廊道，从文化价值的传承、传统模式的保护、规划管理的统筹、历史文化的宣传等多个方面推动了遗产廊道的保护、利用与管理，实现了工业革命之后遗产地的重塑，促进了黑石河流域城镇、经济、文化、生态等全方位的发展。纪伊山脉圣地自古以来就注重朝圣文化传统的延续，遗产区域的生态景观又因为受到国家最高决策层的关注而得到充分保护，同时建立明确的管理规划体系，通过文化传播与各具特色的景观吸引大量游客，带动当地经济发展。

一、进一步凝练西山文化带的文化特色与内涵

黑石河峡谷遗产廊道至今仍保留着工业革命时期的历史建筑和文化特色，纪伊山脉圣地也延续着步行朝圣的传统，两个遗产地在开发利用中都保留了各自的文化特色。西山文化带的文化特色和内涵究竟是什么？西山文化带囊括了京西南太行山余脉和京西石景山八大处至香山一带及部分山前地带。这一区域不仅包括以"三山五园"为核心的皇家园林文化区、以八大处为核心的山地佛教园林区，也包括北京旧城长河历史文化廊道，覆盖了从史前至当代漫长的历史时期。因此，对于西山文化带的文化特色和内涵的总结，应该从历史与现实、自然与人文、国内与国外、多元与包容等多维尺度进行综合考量，从众多文化意象中梳理出最能体现西山文化带特色的文化，这是维系其持久吸引力和竞争力的根本。

二、切实保护和利用好自然和人文资源

黑石河峡谷遗产廊道和纪伊山脉圣地两个案例中，管理部门都对当地资源进行了充分利用，如黑石河流域的沿河湿地、森林、田地、岩石、野生植物、田园景观等，纪伊山脉圣地的远古森林、山脉、河流、瀑布都得到了完好保存，并与地方特色人文遗产一同构成了文化景观。

西山文化带有着"三山五园"等优美的自然景观和浓厚的文化气息，但却存在文物闲置和资源浪费等问题。根据相关部门的统计，西山文化带有不可移动文物463处。由于缺少有效的管理和监督机制，所有者各行其是，许多文物建筑或被破坏弃用，或使用者抵制政府维修，或修缮后闲置不用，造成文化遗产资源浪费。当前，西山文化带未开放文物项目约占文物项目总量的85%。

三、成立专门机构进行统一管理

黑石河峡谷遗产廊道有专门的黑石河峡谷国家遗产廊道委员会负责统筹规划发展，纪伊山脉圣地有政府专门编制实施的管理规划体系，包括从顶层设计到主要文化遗产管理措施，明确了遗产产权、保护方法、保护范围、资金来源、管理措施等一系列规划要素。

西山文化带的管理情况复杂，各级各类文物的产权单位、使用单位和管理单位，既有市区所属机关、企事业单位，又有中央国家机关、部队、村集体和个人。由于产权分散、缺少统一管理，许多文物没有得到有效保护和利用。尽管市、区政府和旅游、交通、市政、农业、林业、文物等部门对这一区域的投入力度不断加大，但由于缺少有效的协调沟通和整体规划，各方面的工作被行政区划分割，无法达成整体保护利用的效果，难以形成管护合力。例如，在推行农村住宅保温、抗震改造的惠民措施时，忽略了传统村落的景观保护问题，致使传统风貌遭到破坏。

四、加强规划引导和功能定位

黑石河峡谷遗产廊道和纪伊山脉圣地都非常重视规划的引领作用，明确规划的任务、需要解决的主要问题及采取的策略和措施，在一定程度上解决了文化遗产保护与利用之间的矛盾和冲突。

　　以"三山五园"地区为核心的西山文化带在历次城市总体规划中均以历史文化、旅游游憩、科研教育、生态功能为主，但当前核心区内仍然存在大量城中村并衍生出较大规模的零售、批发、仓储，甚至是工业功能，不但削弱了世界文化遗产的作用和价值，而且引发大量低端产业和流动人口集聚，带来沉重的城市运行和遗产保护压力。

　　长期以来，西山地区的旅游发展始终以颐和园、圆明园、香山等几个景区进行"孤岛式"建设，相对独立地各自发展，从而形成了文化孤岛，即景区内部文化氛围浓郁，而景区之外则没有相应的文化体现，没有整体的文化氛围。这使得游客过度集中在几个景区，没有外部景区舒缓的余地。由于缺乏总体规划，旅游服务设施规模小、档次低，无法形成有规模的旅游服务区，也没有成型的旅游线路，无法满足不同游客的需求。

第七章 三条文化带保护发展的总体思路

以习近平新时代中国特色社会主义思想为指导，全面贯彻党的十九大和十九届二中、三中全会精神，紧紧围绕统筹推进"五位一体"总体布局和协调推进"四个全面"战略布局，牢固树立新发展理念，以满足人民群众精神文化需求和推动京津冀协同发展为出发点和落脚点，以改革创新为动力，坚持四大发展原则，培育三大平台，开展四大行动，为提升北京文化建设水平、增强首都文化软实力、发挥国家文化中心示范带动作用、建设社会主义文化强国做出更大贡献。

第一节 正确处理四大关系

当前，北京在文化带保护发展中还面临着对文化内涵和价值认识不清、保护力度不够、遗产展示和文化发展乏力、行政管理体制混乱等一系列问题，解决好这些问题的关键，是正确处理四大关系。

一、保护与发展的关系

文物、遗址是为人服务的，只有体现出价值的文化遗址才值得保护。保护和发展出现冲突，应权衡再三，谋求各方利益的最大化。例如，发现一段夯土城墙，是整个地块都原封不动保护起来还是在楼盘中为它预留一个位置？巧妙的设计是与楼盘结合起来，建成一个与它价值相称的博物馆。后者既提升了楼盘的文化价值和经济价值，也提升了城市的文化品位，保留了城市的历史文化肌理。

　　文物不应成为城市发展的绊脚石，保护与发展应该是矛盾的统一体。老城如何焕发光彩？遗址如何再现神韵？这是永恒的话题。喀什老城在改造中有机更新的实践也许给出了更高明的答案：保护和发展并不矛盾，融入当代理念，以改善民生为基础的保护，本身就是一种文化积淀。城市是有生命的，新陈代谢是自然过程。在新陈代谢过程中，应该去伪存真，发掘真正的价值。通过创造性的保护，让被时光利剑暗淡了的往昔重放光彩，让城市和居民能都从文物保护、遗址保护中获益，这才是保护的真谛。

　　保护为基，发展为本。作为世界文化遗产，长城、颐和园、大运河（北京段）必须保护，而且对于核心区必须严格保护。但保护不是最终目的，要提高文化自信和文化自觉，必须通过展示、宣传、交流、教育等活动，赋予文物新的内涵、新的功能，让文物"活"起来。因此，必须结合文化遗产保护，发展文化经济，修复脆弱的生态环境，提高保护文化遗产的能力和水平。保护和发展应该是辩证统一的，保护是发展的基础和前提，发展是为了更好地保护。有一种观点认为：为了保护大运河遗产的真实性，必须停止或大量减少运河运输，因为发展水运将运河作为运输通道，必须不断整治河道、改善运输条件，这势必会带来运河文化遗产的破坏。这种看法是没有事实根据的。近代以来，大运河文化遗产所遭受的几次大规模破坏，没有一次是整治河道、发展航运造成的，恰恰相反，除了战争因素之外，其他的破坏都与忽视航运建设有关。

　　保护与发展可以在空间上实现统一。河道本体和核心区可以采取严格保护措施，在距离河道本体200米以上的范围可以采取更加灵活的手段进行开发，如结合运河发展文化创意产业，通过文化创意集聚区集聚相关企业集群化发展，提高集聚经济效益和创新能力。可以结合国家特色小镇建设，深入发掘文化内涵，做好文化展示工作，恢复和培育一批随运河漕运兴衰而浮沉的特色小镇，成为运河文化带建设的重要节点，提高运河文化带的吸引力和辐射力。

二、刚性与柔性的关系

　　在政府可以干预的公共产品领域，应采取更加灵活的手段，促进政府调控目标的实现。这些手段可以分为刚性和柔性两种。其中，刚性手段包括经济手段（罚款、赔偿）、行政手段（政府决策、行政命令）、法律手段（法定行为准则）等。柔性手段包括道德手段、心理手段、礼仪手段。

　　在刚性手段方面，为了保护文化遗产，根据《大运河遗产保护规划（北京段）》的要求，在大运河（北京段）两岸划定了63.4平方千米的运河生态保护区。其中，划定为严格限建区的面积约为20.9平方千米，约占生态保护区面积的1/3。其中，地下水源防护区面积19.6平方千米，森林公园面积0.4平方千米，风景名胜区面积约0.9平方千米。在风景名胜区内应严格保护林木、植被、水体、动物栖息环境、地貌等资源，不得破坏、随意改变或造成污染；严格控制风景名胜区内的建设规模，在珍贵景物周围和重要景点上，除必需的保护和附属设施外，不得增建其他工程设施，禁止在风景名胜区内大兴土木和大规模地进行改变地貌和自然环境的活动，防止风景名胜区的人工化和城市化倾向，禁止超过允许容量接纳游人。风景名胜区内各项设施的布局、高度、体量、造型和色彩等，都必须与周围景观和环境相协调。

在柔性手段方面，在生态保护区内还划定了地下水源补给区，并确定为一般限建区。一般限建区内如果因特殊情况需要占用，应做出相应的生态评价，提出补充措施，或者做出可行性、必要性研究，在不影响安全、破坏功能的前提下，可以占用。又如，为了保护好文化遗产的原真性和交通安全，对仍在继续使用的银锭桥、八里桥等文化遗产根据桥面通行能力进行测试，采取车辆限流等措施，而没有采取交通禁行等刚性办法，提高了文物管理的灵活性，很好地处理了保护与发展的关系。

三、地下与地上的关系

（1）地下文物的地上展示。运河、长城、西山都是一种大型线性文化遗产，具有尺度较大、文物遗存条件较复杂等特点。一些文物存在于地上，如什刹海、燃灯佛舍利塔、禄米仓等。还有一些文物存在于地下，如东不压桥至皇城根遗址公园河道（今玉河故道）、正义路北口至东便门河段的具体线位（实现运河文化带由什刹海至通州的连续性）等。对于这些地下文物，要做好地上展示工作。加强发掘段河道的展示，对未发掘段设置相关的标识牌，并对与大运河、长城、西山的关系进行说明。

（2）地上矛盾的地下处理。根据《大运河遗产保护规划（北京段）》的分析，绝大部分北京段大运河遗产已失去原有历史功能，功能延续性差。以河道为例，均已丧失原有漕运功能。除通惠河故道（今玉河故道）外，其他河道主要承担着城市的景观与排水功能。为了更好地保护文化遗产，对于目前仍然承担排污功能的坝河、通惠河等主要河流水体，特别是流经城区的部分，建议结合城市地下综合管廊建设从原来地上排放转移到地下排放，解决河道在景观和排污等功能上的不协调。

四、历史与现实的关系

根据《大运河遗产保护规划（北京段）》，绝大部分北京段大运河遗产已失去原有的历史功能。例如，通惠河、坝河、北运河已经失去历史上的漕运功能，更多地承担城市泄洪排污的功能；白浮泉、玉泉山泉水几乎断流，失去历史上的水源功能；闸、仓库、码头等遗产的功能已完全丧失，只有部分桥梁仍保持着通行功能；部分湖泊还发挥着调蓄水库的作用。处理好历史功能与现实功能之间的关系，特别是现实中的游览功能、生态功能、泄洪排污功能之间的关系，是保护和发展好运河文化带的关键。

大运河遗产的核心是水利工程，其构成不同于单一建筑，应从工程体系的整体性来考量。各河段所在区域的自然条件不同，工程体系组成也有所不同，应当以河段为基本单元形成遗产构成评价框架和标准。大运河的现状与其历史地位形成巨大的反差，对它的保护刻不容缓。然而，大运河又是在用的水利工程，合理的利用或许是对它的最好保护方式（Moss et al.，2005）。文保、水利、交通、城建等部门应当积极合作，探索大运河的科学保护和可持续利用之路，从修复水环境入手，使水利功能得到恢复，实现大运河的永续利用，珍贵的文化资源得以保存并成为区域经济发展的财富。

第二节 保护发展的基本原则

在处理好以上四大关系的过程中，必须坚持以下发展原则。

一、文化引领，创新驱动

文化是民族的血脉和灵魂，坚持文化引领必须自觉把文化繁荣发展作为坚持发展是硬道理的重要内容，作为深入贯彻落实科学发展观的一个基本要求，进一步推动文化建设与经济建设、政治建设、社会建设、生态文明建设协调发展，更好满足人民精神需求，丰富人民精神世界，增强人民精神力量，提高文化自信和文化自觉。必须将文化引领落到实处，着力培育一批能够体现运河文化、长城文化、西山文化的特色小镇和美丽乡村，打造一批文化旅游精品景区和景点，谋划一批文化重点项目，发展一批文化特色产业，提高文化的经济效益、社会效益、生态效益。

文化的实质在于创新，它是文化的生命之源。要认同和培育发展好运河文化、长城文化、西山文化，结合社会时代的发展，对运河文化、长城文化、西山文化"取其精华、去其糟粕"，批判继承，不断"推陈出新、革故鼎新"，让运河文化、长城文化、西山文化焕发新的生机与活力，为运河文化、长城文化、西山文化注入新的时代精神。实现运河文化、长城文化、西山文化的创新发展还必须面向世界、面向未来，博采众长，积极进行对外文化学习交流、借鉴。要"以我为主、为我所用"。在发展创造运河文化、长城文化、西山文化的过程中，必须坚持正确的发展方向，既要克服"守旧主义"和"封闭主义"，又要反对"民族虚无主义"和"历史虚无主义"。

在创新的具体实践上，不仅要在文化遗产保护上坚持创新，而且要在文化发展上坚持创新。一是要创新文化遗产传播体系，充分利用智能手机、互联网、计算机、地理信息系统（geographic information system，GIS）等现代信息技术，创新文化遗产发掘、整理、展示、宣传、交流的方式方法。例如，通过网络、手机报、客户端、微博、微信等各类传播形态和终端广泛延伸，建设"内容+平台+终端"的新型传播体系。二是借鉴国内外文化管理的先进经验，创新行政管理体制机制，杜绝对文化遗产的多头管理、部门交叉、政府缺位和越位等现象，提高行政管理效率。三是鼓励文化企业创新文化产品，尊重企业家精神。文化产品并非人们日常生活的必需品，文化消费需求不是刚性需求，充满了不确定性，并且具有外部性，这就要求文化企业必须根据自身的资源和能力，重点关注能够把握的细分市场甚至是小众市场，把握文化消费需求特征，遵循市场规律，提升产品的文化价值、艺术品位和科技含量，致力于满足多样化消费需求的产品开发与生产。四是围绕"互联网+""文化+"，促进新型文化业态发展，促进生产与消费模式创新，积极培育新的经济增长点。

二、市场竞争，政府调控

计划和市场是资源配置的不同方式，是发展经济的不同手段。一般来说，计划主要从宏观、总量、结构等方面对重大资源配置和重大社会利益关系进行调整，而市场主要是在微观经济领域中的生产经营活动和稀缺资源配置中发挥作用，两者相辅相成、互相依赖。围绕政府干预经济运行的程度，凯恩斯与哈耶克在20世纪30年代有过大论战：哈耶克认为，凯恩斯提出的政府通过降低利率和增加货币供给实现充分就业的主张，在本质上是"亡命徒式"的政策，他主张政府少干预。凯恩斯认为，标志着一个周期结束的大规模失业和困难，可以靠政府开支来缓和，政府计划和管控能够支撑起经济。

处理好计划与市场的关系，关键是合理界定两者的时空边界。在市场能发挥作用的地方，政府就应该退出，充分发挥市场在资源配置中的决定性作用，提高资源配置效率。在市场失灵和具有外部性的领域，加强政府干预，如为了构建文化带旅游发展的重要节点，沿河修建连通特色乡镇的道路；为了提高运河的水环境状况和泄洪，修建污水处理厂和防洪堤坝；等等。而在更多的场合，应该充分发挥政府和市场的双向调节作用，促进公平与效率的结合。例如，在发展文化创意产业的过程中，应该充分发挥企业和企业家的创新精神，允许企业在市场环境下充分竞争。同时，为了引导文化产业发展方向，可以通过税收优惠、补贴、设立专项扶持基金等办法，促进企业发展某一类或某一种文化产品。

三、分类管理，突出重点

大运河、长城、西山作为大型线性文化遗产，相对于历史文化街区、历史文化村镇、历史文化名城等文化遗产区域，涵盖的范围更大，包括的遗产种类更多样，反映的人类活动形式更丰富多彩。因此，在处理三条文化带保护发展中必须坚持分类管理的原则。这种分类既可以按照对生态保护区的限制程度分为严格限建区和一般限建区；也可以按照对建设控制地带的限制程度分为一类建设控制地带、二类建设控制地带、三类建设控制地带、四类建设控制地带、五类建设控制地带；也可以根据遗产类型，划分为物质文化遗产、非物质文化遗产；还可以根据文化遗产的分布情况，分为市区建成区段和市区非建成区段。分类管理的目的是针对文化遗产地的特点，制定差别化的政策措施，提高文化遗产地的保护效果。

当然，我们还可以根据规划需要，对类型进一步细分。以文化遗产的分类为例，可以按文化遗产和运河的关系亲疏，将运河文化遗产的空间分布划分为核心保护区、价值敏感区、价值影响区三个层次，各类遗产根据所处位置划分为核心遗产、关联遗产、影响遗产。

（1）核心保护区与核心遗产。大运河自身及与河道、航运、水利等直接相关的历史文化遗产，物质的遗址遗迹有航道、水道网络、桥梁、船闸、堤坝、圩堰、驳岸、纤道、水柜、码头、仓库、船厂、航标灯塔、碑刻、船舶及漕运、盐运、治运管理机构、皇帝行宫、御码头等。这类遗产的空间范围应是紧贴运河沿岸，即运河岸线周围，与运河"零距离"。

（2）价值敏感区与关联遗产。大运河沿岸城乡与运河密切相关的历史文化遗产，如古城、镇、村落、桥梁、古树、园林、民居、明宅、碑刻、庙宇、会馆和商行。这类遗产的空间范围应是运河特别是古运河沿岸城乡范围之内。

（3）价值影响区与连带遗产。大运河沿线城市范围内的文化遗产，如名胜古迹和历史文物、考古遗址等。这类遗产的空间范围应主要在现代行政区划所包括的运河城市市域范围内。

在分类管理的基础上，突出重点，抓住核心问题和关键环节。例如，在分区段的管理上，市区建成区段是人地关系矛盾最突出的地方，也是文化遗产保护发展的"瓶颈"。又如，要开发东不压桥至皇城根遗址公园河道（今玉河故道），就必然涉及大量的移民搬迁等棘手问题，如何破解这些难题是运河文化带规划必须正视和解决的问题。突出重点，还表现在时空安排上。要明确近期工作重点和远期发展愿景，着力解决河道的功能复合和叠加问题，以及遗产管理的部门分割等突出矛盾和问题。

四、区域合作，协同推进

大运河、西山、长城作为大型线性文化遗产，具有尺度较大、跨地区和跨流域的特点。以运河文化带为例，北京段大运河河道总长度约80千米，流经昌平、通州等6个区，通过北运河与天津武清、河北香河等县区连为一体。因此，必须坚持区域合作，协同推进。

在区域合作上，首先，加强流经6区的合作，重点是加强河道水环境的综合治理，严格执行河流断面水质标准，不断提高污水达标排放率。其次，加强与天津、河北的合作，按照三地签订的框架协议要求，"十三五"期间实现京杭大运河北京通州、河北香河、天津武清段正式通航。最后，加强文物、环保、发改和国土等部门的合作，形成运河文化带保护发展的合力，避免部门之间相互掣肘，切实解决部门管理中的政府缺位、越位、错位等问题。

第三节　保护发展的目标愿景

根据北京市所处的经济社会发展阶段和三条文化带保护发展的基础条件评价，借鉴国外类似文化带建设的经验教训，北京市三条文化带保护发展的总体目标是：全面建立三条文化带遗产保护体系，改善遗产生存环境，有效保护三条文化带的历史真实性与完整性。文化遗产的内涵和价值得到充分挖掘和利用，制约文化带保护发展的关键问题和核心环节得到有效解决，文化带保护发展走上健康协调可持续发展的轨道。当地居民从文化带保护发展中得到更多收益，文化带周边地区协同发展水平显著提高，文化成为京津冀协同发展的重要抓手和突破口。

三条文化带在北京文化中心建设中发挥更大作用，为中国建设文化强国提供重要支撑，成为全国乃至世界遗产保护发展的范例。

围绕上述发展目标，未来一段时期北京三条文化带保护发展的总体愿景分为三个阶段。

第一个阶段是文化带的培育期（2016~2020年）。着重解决制约文化带建设的核心问题和关键环节，如制约运河文化带建设的水质水量问题、西山文化带的管理体制机制问题、长城文化带的基础设施配套问题。围绕上述问题，要超前谋划好一批重大工程和项目，加快体制机制创新的步伐。同时，要摸清文化遗产的本底，这是开展文化带建设的基础和前提。因此，第一阶段也是打基础的阶段。

第二个阶段是文化带的发展期（2021~2025年）。这一阶段需要在培育期的基础上，提高投资效益和建设水平，使文化带建设再上一个新台阶，站在更高的发展起点上。重点是以培育发展特色小镇和文化创意产业为抓手，通过重大项目的落地建成，提高文化带的经济效益和社会效益，特别是要促进文化带周边相对欠发达地区的发展，成为京津冀协同发展的重要突破口。

第三个阶段是文化带的成熟期（2026~2030年）。三条文化带基本建成，持续、健康、协调发展水平明显提高，在中国文化中心建设中发挥更加重要的作用，成为全国乃至世界遗产保护发展的范例。

以下以运河文化带为例，着重阐述不同阶段的具体发展目标（图7-1）。

一、培育期：2016~2020年

（1）摸清文化遗产本底。继续开展对广源闸（包括龙王庙）、万宁桥（包括澄清上闸遗址）等文物建筑的修缮工作，实施桥体和墙体加固、防灾工程等专项保护工程。完成通惠河故道（今玉河故道）和东不压桥遗址（包括澄清中闸遗址）的考古调查勘探发掘与保护展示工程。对北京市级运河遗存进行考古研究，重点加强隋唐、辽金大运河北京段的考古研究工作，完善北京段大运河遗产保护体系。进一步梳理和完善运河文化带涉及的非物质文化遗产名录。

（2）建立防污治污体系。构建运河（北京段）全流域防污治污体系。到2020年全流域工业污染源全部达标排放，水生态环境和系统得到初步恢复，流域内水量利用率提高到70%。

（3）明确重点工程项目。围绕运河文化带建设，谋划和超前部署一批重大项目，如白浮泉运河源头项目、通惠河（通州段）治理项目等，对什刹海、南锣

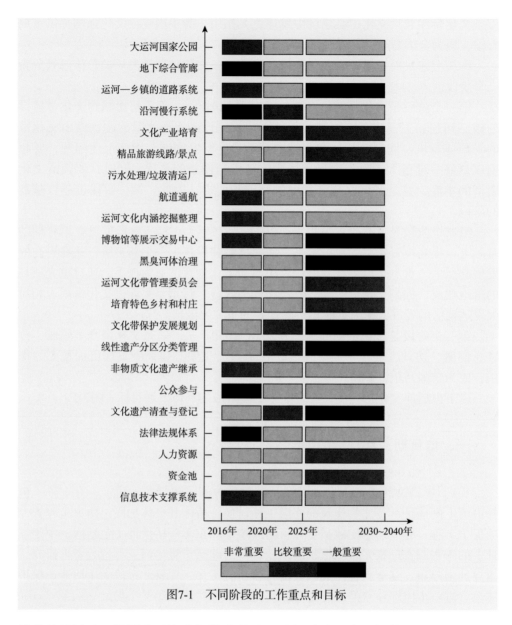

图7-1 不同阶段的工作重点和目标

鼓巷等关键地区的周边环境进行综合整治，重新设计河岸护栏等设施，划出一定区域供公众驻足观览，避免经营性占用等。

（4）理顺管理体制机制。进一步明确不同职能部门在运河文化带建设中的职能和分工，结合国外经验和国内大部制改革，进行行政管理体制改革，提高行政管理效率和效力。

二、发展期：2021~2025年

（1）文物宣传展示缤纷绚丽。通过建设运河博物馆、北京市非物质文化遗产展示中心、国际艺术品交易中心等项目，将通州建成全国运河文化艺术交流展示中心。

（2）文化特色城镇稳步推进。通过构建运河与周边乡镇和乡村的道路联系系统，提高重要节点与运河的通达性，增加游客的停留时间，丰富节点乡镇的文化内涵。

（3）文化创意产业快速发展。依托重要的文化特色乡镇、文化创意产业集聚区，鼓励发展与运河文化相关的产业和产品，做好运河文化的再加工和产业化，促进文化产业的大发展。

（4）一批重大基础项目落地。与城市慢行系统相结合，沿通惠河、坝河、北运河等修建自行车道和步行道路系统，提高普通市民的参与度，打造滨水岸段和亲水城市。

三、成熟期：2026~2030年

（1）地下综合管廊建设。将承担城市泄洪和排污功能的运河河道全部解放出来，污水将全部通过地下综合管廊排泄，实现与地面水体分流。污水进入地下综合管廊前必须全部实现达标排放。

（2）车行线路全面建成。白浮泉沿今京密引水渠至玉泉山与瓮山泊，再沿南长河至什刹海，沿通惠河故道至通州，主要串联重点展示景点及各个河道上的桥闸。此外，建成三条重要支线，一条串联北新仓、南新仓、禄米仓；一条是坝河沿线；一条是通州城至张家湾城与皇木厂村。

（3）开通部分游船线路。开辟通惠河游船线路，并适当延长白河（今北运河）游船线路。

实现上述目标的一个基本途径或方向是建设生态航道。生态航道建设是在确保航运和防洪的前提下，根据沿线人文和自然条件，对大运河（北京段）进行综合整治，力求保持运河航道与人文自然环境的和谐，保持淳朴的运河气息。例如，通过生态航道建设，江苏京杭运河淮安段在沿岸河道种植固堤植物，已经形成与运河、大堤、护坡及周围田园风光错落有致的迷人风光，两岸植物阻隔拍岸激浪，绿色林木层层后退，犹如一道绿色长廊，护卫着运河大堤，构成了人与自然相和谐的生态航道景观。运河航道已经提前实现了船舶标准化并淘汰了污染大、噪声高的挂浆机。一系列沿线船舶油污回收处理系统和垃圾回收处理设施等建设，大大降低了航运对运河的污染。

第四节　保护发展的战略重点

为实现上述发展愿景，结合世界遗产委员会的决定，三条文化带需要在发展环境、平台建设、管理体制改革等方面采取重点行动和相关战略。以运河文化带为例，世界遗产委员会提醒中国政府注意的事项包括：继续开展对缓冲区体系的调整，制定与当地环境完全契合的保护措施，与地方政府和有关部门进行协调；完成大运河遗产监测和档案中心的建设；明确大运河各保护河段所代表的历史阶段；加大环境和景观保护力度；完善拟于近期开放旅游的大运河点段相关开发和游客接待规划的质量，提升阐释中心、导游服务质量；考虑建立大运河连续缓冲区的可能性；明确近期和预计的经费，界定清楚操作与投资的关系，明确用于保护大运河水利设施的资金、用于保护文化和自然遗产的资金以及用于开发旅游项目的资金；继续并深化水质改善工作，将水质改善与大运河保护和发展项目系统性地融合起来；加强对不同遗产地在编职工或临时员工的持续教育，使其了解大运河的整体价值；鼓励国际合作，推动运河保护和管理知识共享。

一、加大保护力度，形成保护发展的良好环境

文化遗产是一个国家文化的体现，一个民族认同的教材。以运河文化带为例，我国逐渐认识到水文化遗产的历史重要性，一些水文化遗产得到保护、开发和利用，如都江堰水利工程、灵渠、大运河、新疆坎儿井等。但是，相比于丰富多彩的水文化遗产，对水文化遗产整理、发掘、保护的力度还不够。由于缺乏保护和管理，一些古代的水利工程逐渐丧失本来面目，甚至消失，如运河文化带已经失去航运功能。

韩国改造清溪川的举措包含着丰富的文化内涵和深刻启示。清溪川原是一条穿越韩国首尔的古老河道，后来被覆盖而成为暗河，并在上面建造了高架路。但后来韩国认识到失去自然河流的弊端，于是开始对清溪川重新规划和建设。清溪川重建工程的理念是"为彻底解决安全隐患问题，拆除高架桥，使城市中心更加美观；将已覆盖了40余年的清溪川挖开，建设一条崭新的自然河道，重新塑造一个人与自然和谐的城市河岸文化空间，彻底改变城市面貌；利

用外环线解决原有穿城的交通，把地下水道改建成城市型自然河道，改善市区大气环境，建设绿色城市；恢复清溪川悠久的历史文化，特别是要恢复具有重要历史意义的古桥，建成河边城市文化，为市民提供一个在休闲之余欣赏历史文化的场所；改善周边环境，促进产业结构调整，为该地区成为金融产业、文化产业、时尚产业、旅游产业竞相开展促销战的空间，为变成新的经济中心提供了发展契机，以此提高城市的品位和国际竞争力"（郭军，2005）。现在的清溪川已经成为首尔"生态城市"的标志和市民休闲场所，成为韩国历史的一个接力点和激励点，时刻提醒着韩国人勿忘历史、面对现在、展望未来。这对中国城市水利工程建设有着积极的借鉴意义。

法国是一个水文化历史悠久的国家，特别重视对水文化遗产的保护。米迪运河的保护就是一个范例。米迪运河建于路易十四时期，1996年被列入世界文化遗产。该运河不仅具有实用功能，而且是17世纪法兰西帝国实力的象征。对米迪运河的保护设计，注重工程对景观的影响，打造了一条美丽的运河沿线景观。米迪运河将美学与实用功能完美地结合在一起，形成了自身独特的文化和传统。对此，法国政府首先从法律上加以肯定和保护。《公共水域及运河条例》中设有专门章节规定了米迪运河的管理。米迪运河也是《公共水域及运河条例》中唯一一条享有专门章节规定的法国水道。这些强有力的保护措施，使米迪运河成为法国运河文化的象征之一（孙佩锋和尉天骄，2011）。

文化遗产是一个民族或国家文化的重要标志，对文化古迹的保护，带来的不仅是经济效益和社会效益，更是一个民族或国家文化认同和文化凝聚力的重要标志，是民族团结、社会稳定的精神支撑，也是国家软竞争力的体现。当前在文化遗产保护方面，要提高对文化遗产重要性的认识，将其提升到民族文化建设的高度：一是展开文化遗产调研，查清文化遗产的数量、分布及生存状况，针对存在的问题制定相应的策略；二是要把文化遗产的开发、利用和保护统一起来，防止只开发利用而不保护，以致造成文化遗产被破坏的现象；三是制定保护文化遗产的相关法律法规，依法保护文化遗产；四是划定遗产保护核心区、敏感区、影响区，在核心区内禁止一切与文化遗产保护无关的开发建设活动；五是借鉴"三区三线"的做法，划定文化遗产保护红线，并将其纳入未来的城市空间规划体系及"多规合一"信息管理平台。

二、培育三大平台

围绕三条文化带保护发展中存在的突出问题，建议未来规划中必须强化以下三大平台建设。

（1）信息平台。大运河、长城、西山三条文化带时空跨度大、遗产状态复杂，保护发展的各个方面存在诸多困难。以遥感（remote sensing，RS）、地理信息系统、全球定位系统（global positioning system，GPS）、虚拟现实（virtual reality，VR）为核心的空间信息技术的发展为三条文化带的遗产调查、评估、规划、管理、监测提供了高效的科学方法和先进的技术手段。

信息技术除了在遗产调查、遗产考古发掘中得到应用外，还可以在保护规划、遗产管理与监测中得到应用。以运河文化带为例，保护规划辅助支持系统的建立，便于利用地理信息系统技术整合历史建筑、古遗址和历史地区的空间位置数据及属性数据，将古建筑、古遗址等的空间位置信息展现在二维电子地图或遥感影像上，并以此为基础实现照片、工程图、文档等多媒体信息的链接；通过多元信息的融合，综合利用各种资料，提高预测和决策水平。地理信息系统技术可以提供文化带文化遗产保护规划专业分析工具，指导在历史区域周围建立缓冲区，以保护周边环境；利用距离分析评价施工建设和古建筑、古遗址、历史区域之间是否留有充足的距离；利用通视性分析评价历史区域重要的天际线和景观视线是否得到保护；利用叠加分析评估周边环境的土地利用是否合理；利用应用分析模型进行保护范围内建筑密度统计、违规建筑统计，以及拟建工程对保护区环境风貌的影响定量评估（图7-2）。

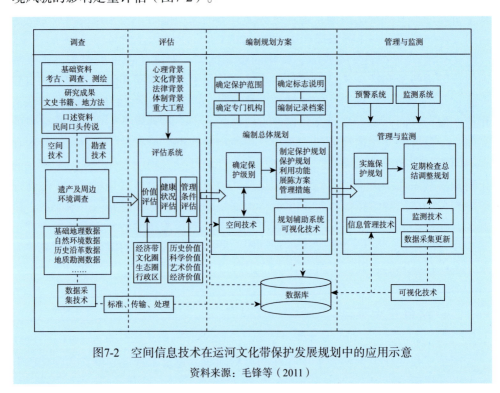

图7-2 空间信息技术在运河文化带保护发展规划中的应用示意

资料来源：毛锋等（2011）

运河文化带的管理与保护发展涉及的内容既包含运河主干道，也包括运河沿线的相关文化遗产及赖以生存的自然水系和人工水系。显然，传统的管理监测手段难以满足监测与管理的需要。遥感和全球定位系统技术可以作为文化带信息获取技术，而地理信息系统技术可以作为文化带遗产信息智能化管理与服务技术，虚拟现实技术作为文化带遗产的可视化表现技术。可以说，利用空间信息技术可以高效、准确、规范化地获取和存储文化带的各种空间和属性信息，可以快速而方便地查询、检索和统计信息，可有效和智能化地进行文化带信息空间分析，据此深化和完善文化带规划管理工作，实时监测文化资源，不断反馈文化带文化遗产保护发展管理过程中出现的各种问题，使工作人员和决策者及时了解问题并快速做出反应（毛锋等，2011）。

文化带的时空展示是将文化带的时空演变过程通过空间信息技术，以遥感和基础地理数据为底图，以文化带专题数据为特征进行展示。虚拟现实技术可以应用于历史文化遗产保护的虚拟仿真、虚拟复制再现和修复还原。虚拟现实技术将是进行运河整体性展示的最佳途径，利用虚拟地理信息系统和Web 3D技术可以建立三条文化带虚拟展示系统，从宏观、中观、微观三个维度进行运河、长城、西山的虚拟展示，以及古运河、古长城、古西山演变的三维仿真和运河、长城、西山古环境的三维恢复重建和古环境分析。同时，利用网络三维技术实现文化带的部分地段虚拟现实环境网络三维发布，向公众展示三条文化带的风貌。

（2）人才平台。北京是人才汇集的高地，从人才资源总量和质量上看，北京并不缺少人才。三条文化带人才平台建设，需要重点解决以下三点人才问题。

第一，发现高端人才。重点是培育扶持一批在国内外享有盛誉的文化名家和领军人才，充分发挥文化名家和领军人才在三条文化带建设中的引领作用，鼓励文化名家创办工作室、事务所，扶持组建创新团队。同时，加强培养精通运河文化、长城文化和西山文化，具有实际工作经验和外语专业特长的专门人才，鼓励这些人才在推动三条文化带保护和管理知识共享、开展国际合作中发挥更大作用。

第二，培养稀缺人才。围绕三条文化带建设，北京市文物局公布了11项非物质文化遗产名录，这些非物质文化遗产都面临着传承人"青黄不接"的人才困境，应加大对稀缺人才的培养力度，让传统文化代代相传。在这方面，通州区也面临着一样的困境（表7-1）。

表7-1　通州区非物质文化遗产保护项目传承人名单

名称	单位	传承人	名称	单位	传承人
通州运河船工号子	文化馆	赵庆福	通州骨雕制作技艺	梨园镇	陈道清
花丝镶嵌制作技艺	文化馆	白静宜	刘老公庄饹馇饹馇制作技艺	梨园镇	张连和
"面人汤"面塑制作技艺	档案馆	汤凤国	小楼"烧鲇鱼"制作技艺	中仓办事处	蔡力

续表

名称	单位	传承人	名称	单位	传承人
通州运河龙灯会	漷县镇	谢文荣	"枯木陶"陶器制作技艺	中仓办事处	华绪为
		冯乃良	大顺斋糖火烧制作技艺	中仓办事处	刘志国
李氏续家谱习俗	漷县镇	李恩俊	空竹制作技艺	宋庄镇	张国良
通州雕漆制作技艺	漷县镇	苏启明	通州青铜器复制与制作技艺	张家湾镇	李万祥
徐官屯路灯老会	漷县镇	徐学田	兴各庄村吹乐队	潞城镇	陈文保
郭村"蹦蹦戏"	马驹桥镇	杨永志	临沟屯风筝制作技艺	永乐店镇	王永江
通州单琴大鼓	台湖镇、马驹桥镇	沈长禄	半截河道教音乐	永乐店镇	张怀浦
大松垡高跷会	马驹桥镇	李国政	半截河村武跷会	永乐店镇	张喜浦
西后街"官夯号"	马驹桥镇	李金普	里二泗高跷会	张家湾镇	齐瑞华
通州玉器制作技艺	台湖镇	张玉成			徐宝瑞
靛庄景泰蓝制作技艺	台湖镇	熊松涛	里二泗小车会	张家湾镇	韩德成
料器制作技艺	台湖镇	刘长兴	大辛庄剪纸	张家湾镇	李淑华
通州大风车	西集镇	梁俊	陆辛庄少林武术	张家湾镇	高永堂
通州团花剪纸制作技艺	西集镇	王文敏	—	—	—

资料来源：北京市文物局内部资料

第三，教育普通人员。重点是加强对三条文化带在编职工及临时员工的持续教育，使其了解大运河、长城、西山的整体价值。加强员工培训，提升阐释中心和导游服务中心的服务质量。

（3）资金平台。2015年北京市一般公共预算收入完成4 723.9亿元，人均地方财政收入21 764元，远远高于全国平均水平。因此，北京在三条文化带保护发展中并不存在资金缺口，而建立资金平台的目的是重点解决以下问题。

第一，建立文化遗产保护专项基金。基金来源渠道包括争取政府财政补助，鼓励企事业单位、社会团体、个人捐赠等。基金主要用于三条文化带文化遗产项目的保护发展等支出，包括不可移动文物保护、可移动文物保护及文物保护科技项目、市级非物质文化遗产项目代表传承人保护、传统戏剧非遗项目保护振兴等。

第二，建立文化产业发展引导基金。专项用于提高文化产业整体实力，促进产业发展方式转变和结构战略性调整，主要支持市级重点文化产业项目、文化内容创意生产，并向特色文化产业和新兴文化产业业态倾斜。

第三，明确近期和预计的经费，理清操作与投资的关系，明确用于保护三条文化带基础设施的资金、用于保护文化和自然遗产的资金以及用于开发旅游项目的资金。在资金使用过程中，要严格监管和公开透明，提高资金的使用效率。

三、开展四大行动

（1）水系"清洁化"行动。按照"水系流畅、岸绿景美、功能健全、人水和谐"的要求，开展河道综合整治和长效管理，建立黑臭河道整治挂牌督办制度，坚持一河一策，通过水系疏通、淤泥清理、调控引水、生态修复等措施，消除河道黑臭现象。按照美丽乡村建设和"四边三化"行动部署，重点清理村庄积存垃圾、卫生死角。以农村生活垃圾和生活污水处理为重点，进一步提升垃圾收集及无害化处理率，加快提高农村生活污水处理效率。全面实施污染物排放总量控制制度，建立河道保洁长效机制，严格落实水域环境卫生责任，加强河道日常保洁管理，严厉查处违法排污、向河道倾倒垃圾和固体废弃物、在河岸乱搭乱建等行为。

（2）乡镇"特色化"行动。围绕"一山一水一古镇"，依托古镇优势资源，深入挖掘自然和人文景观文化元素，做好产业项目，发展文化产业。加强文物的保护和利用，做好民风民俗、传统工艺等非物质文化遗产的开发和保护。挖掘包装开发特色文化，适时开展特色文化乡镇评选与授牌，通过文化与旅游"联姻"，助推镇域经济发展，最终实现文化兴区、文化兴市的目标。

（3）文化"产业化"行动。文化产业化是文化传承与发展的现代模式。文化要实现产业化必须具备四个条件：一是具有传承和推广价值；二是具有欣赏价值；三是具有时代性；四是具有服务功能。文化产业必须走商业化和市场化的道路，商业和市场是因时而动的，所以文化产业化具有鲜明的时代性。文化产业化的重点是推进文化创意产业发展，现代数字传媒、文化艺术、广告策划、现代营销等具有很强的创意性，它能够提高商品流通速度和产业发展速度，增加产品附加值。

（4）交通"网络化"行动。结合北京"十三五"时期城乡一体化发展规划，实施农村"六网"（供水管网、污水管网、垃圾收运处理网、电网、乡村路网、互联网）改造提升工程，加快推进行政村公共交通全覆盖，实现水运和陆运的零距离换乘和无缝衔接，提高大运河、长城、西山与特色乡镇的交通联系和可达性。在条件允许的岸段，逐步修建沿河自行车道和步行道，增加人们的文化体验和认同感。

四、推进管理体制机制改革

目前，三条文化带建设都存在许多管理上的问题，如北新仓、大运中仓等部分遗产点被部队或单位办公占用；对于运河河道的管理涉及水务局、环保局、交通委等部门，这些问题在很大程度上限制了对运河文化带保护发展的水平和质量。如何推进管理体制改革，建设更有效率的管理体制和机制是一个重要而紧迫的问题。

国家是米迪运河的所有者，而具体的管理、维护和开发运河的活动是由国家和地区两级管辖机构来负责的。国家层面上由法国航道管理局和国土设施交通整治部的下属水道管理机构两方来共同管理，并由航运治安管理局、各个领域的法律法规来保证实施。地区层面上，法国航道管理局在法国的各个大区都有分属机构。法国环境部也分为国家和地区两个级别对米迪运河进行管理，但并不直接参与运河日常管理，而是监督保护运河建筑和景观遗产的确定和归类。所有关于遗产建设和运河环境改造的事物均归环境部下属的建筑和城市规划管理处及其地区环境管理处管理，目的是保存有一定年代的物质遗存。文化部及其地区文化事务管理处负责保护和管理已经被列入历史建筑物的运河周边的市政建设、水利工程和建筑工程等。

英国对于哈德良长城的保护主要是采取建立多方参与的合作机制。例如，成立哈德良长城管理规划委员会，来自遗产政府保护机构、地方政府、研究机构、博物馆、农民联合会、国家公园、民间保护团体等有关机构共30余个利益相关组织的代表组成，定期或不定期召开会议，讨论有关该世界遗产保护及管理的各项事宜。

由于各国在政治体制、文化传统、发展水平等方面都存在较大差异，必须坚持因地制宜，不能盲目照搬，逐步探索适合中国国情和北京市情的行政管理体制和机制。在改革行政管理体制和机制过程中，必须关注以下几点。一是建立"纵向衔接、横向协调"的跨部门管理机构，如市级文化带保护开发领导小组或委员会，赋予该机构更多的行政管理权限。二是建立利益共享机制或税收分成制度，让参与文化带建设的地区、企业、个人都能从中获益，提高参与文化带建设的积极性。三是建立和完善文化遗产保护发展的法律法规，坚持依法行政、依规行政，同时引入公众参与和监督机制，提高行政管理的科学性和民主性。

第八章　近期行动和对策研究

在前面的章节中，我们对北京三条文化带的发展条件、文化本质、主要问题、国外启示、目标愿景等进行了研究，形成了三条文化带保护发展的总体思路，这是推动北京三条文化带建设的必要条件。除了上述内容，还需要在本章研究推进三条文化带建设的近期行动和对策建议，这也是规划研究的重要一环，体现了规划的战略性与可操作性的结合。围绕近期行动和对策，着重参考了北京市"十三五"规划纲要，对规划纲要中涉及的重大项目进行了梳理。同时，重点考虑了三条文化带在推动首都全国文化中心建设和京津冀协同发展中的特殊作用和意义，这既是大型线性文化遗产的属性和特点决定的，又体现了对规划进行研究的实用性和战略性的要求。

第一节　运河文化带近期行动和对策研究

相对于西山文化带和长城文化带，运河文化带由于穿越北京市主城区和首都功能核心区，在项目建设上具有其他两条文化带无法比拟的优势，也因此具有特别突出的作用和地位。另外，在近期行动上，除了考虑运河文化带当前存在的主要问题和未来发展的目标愿景以外，还要充分考虑北京大运河是中国大运河的一部分、通州将建成北京城市副中心的特殊意义，从区域协调发展和非首都功能疏解的视角开展具体的行动计划，做到中国大运河两端城市——北京与杭州的交相辉映、北京城市副中心与主中心在全国文化中心建设中的合理分工。

一、建设亲水绿地和交通廊道，打造沿北京大运河两岸的景观带

从世界遗产的价值标准来看，中国大运河具有三种价值风貌：一是作为遗产

运河的价值，主要体现的是工业化社会之前的技术；二是作为文化景观的价值，主要体现的是人类大尺度上改造水资源的稀有案例；三是作为文化线路的价值，主要体现的是中国大运河作为一条可能带来融合与统一的文化线路（李伟和俞孔坚，2005）。因此，围绕大运河建设绿地和交通廊道，打造沿北京大运河两岸的景观带是最直接的保护利用方式。针对这样的利用方式，谋划和重点建设以下项目或工程。

（1）构建城市慢行系统。依托现有的运河景观线路，沿通州区和朝阳区北运河与通惠河，构建绿色景观廊道，加快运河沿线骑游道、旅游休闲步道等城市慢行系统的旅游公共服务设施，以及绿道和服务设施建设，打造与副中心城市功能相适应、与机动车发展相协调、与公共交通良好衔接的"安全、低耗、便捷、连续、舒适、优美"的出行环境，使之成为商务人员、居民休闲生活、康体健身的主要场所。根据北京市委、市政府东迁通州潞城镇带来的行政办公人员与北京市文化创意产业轴带——CBD①-定福庄国际传媒产业走廊文创人员的日常休闲、工作需求，重点打造运河文化广场、运河绿地公园等开放性空间，依托慢行系统和周边两大功能区，形成对接，便于为功能区的发展、人员的创意休闲创造良好的环境。在西城什刹海、玉河等重点地区建设一批自行车、步行示范区，融入当地片区文化旅游开发之中，创建景区舒适便捷的慢行系统。

（2）加强水源保护治理。一是，在通州新建张家湾再生水厂与北运河水质净化厂。通过治理城市排水和净化运河原水，提升大运河水质。二是，实施运河水生态保护工程。加强昌平区白浮泉、海淀区长河、西城区什刹海、东城区玉河北区等运河河段的绿色生态廊道治理，将其纳入地表水源保护区范围，加强运河地表水资源保护。三是，实施水生态建设工程。结合黑臭水体综合整治，因地制宜开展通惠河、坝河等四大水系34条水体的水生态建设工程，重点改善通惠河、通惠排水干渠等6条直接进入通州区的河道水质。四是，推进通惠河水系整体治理。新建高碑店补水支线2.5千米，实施小中河等骨干支流水质改善工程。通过通惠河与北运河河道的污染整治，力争到2020年市内运河河道全面还清，地表水水质基本达到Ⅳ类。

（3）推进亲水绿地和城市公园建设。依托大运河沿线文化景观、文化线路和文化遗产，加强绿地公园、森林公园、带状公园、游园建设，协调大运河不同河段所属的各区，打造沿河绿地休闲带，使之成为一个整体的历史文化景观休闲带。从目前通惠河沿线来看，自西向东主要涉及的绿地公园有东城区的明城墙遗址公园，朝阳区的庆丰公园、高碑店水库、兴隆公园、西会公园，通州西海子公园、运河奥体公园、运河生态公园、大运河森林公园等，公园布局自北运河连在一起形成连片绿地带，而在通惠河流域（涉及东城、朝阳、通州三区）一段，仅

---

① CBD：central busòness district，中央商务区。

是点状分布，未来需要对通惠河周边进行清理，一部分建设成为绿地公园，另一部分改造成运河文化广场。加快海淀区北长河湿地公园建设，建设百旺公园三期、中塔公园二期、首都滑冰馆西南地块、小月河、南长河下游等公园绿地100公顷。加快昌平区白浮泉大运河遗址公园规划建设。以运河及运河沿线公园为支撑，实现以点串线、以线带面、合力塑造运河绿地景观格局。

（4）打造运河博物馆。引入社会资本，推进特色博物馆、文化馆建设。布局运河博物馆等文化基础设施，在通州区五河交汇处的源头岛，新建总建筑面积60 000平方米的通州博物馆，在运河沿线新建总建筑面积45 000平方米的通州美术馆。建议在玉河两桥之间，依托胡同中的传统建筑，结合万宁桥与东不压桥之间的船闸遗产，利用声光电新型现代表现方式，打造京杭大运河技术博物馆，通过博物馆再现工业革命之前中国的运河开凿技术和各个主要流经区段的分水、筑坝、船闸等方面的技术，将其与同时代的国外运河技术相比较，突出中国大运河的开凿和运行技术，增强参观者的民族自豪感。

二、开发文化旅游产品，推动文化旅游产业发展

城市文化主要是以有形物质文化的保护和非物质文化遗产的承袭两种方式完成传承工作的，这些有形的和无形的文化遗产为文化旅游产业的发展提供了丰富的资源。传统的文化遗产在文化旅游中的应用主要包括实物展示、非物质展示、传媒展示三种途径，重在通过符合世界遗产的某种价值标准和运河自身文化内涵的展示来组织一个能够打动人的故事，表达出大运河这一文化遗产的特有精神价值。在创新上，可以依托大运河文化遗产，通过流行文化、大型节事、主题公园和娱乐场馆、空间改造或打造产业集聚区等方式促进文化遗产的保护性开发（图8-1）。

北京大运河自隋唐，尤其是元朝以来拥有多个河段和文化遗产点。在文化旅游上，可以依托运河沿线重要节点，结合周边景点，打造北京大运河文化旅游的大廊道、大网络。结合元代、明代、清代不同时期的文化遗产中运河船闸、口岸、仓库、古镇、古遗迹等，融合北京大运河周边旅游景点，在重要遗址遗迹保存保护的基础上，通过场景化的恢复、情景化的打造，推动沿线各个景区景点的开发，最终实现由点连线、由线带面的北京大运河景观旅游带。在具体项目策划上，建议依托中国大运河世界文化遗产资源，通过北京内部各区之间的共同建设，推进运河文化旅游产品的开发。

（1）运河文化旅游观光带。围绕"十三五"期间中国大运河通州、香河、武清段的正式通航，深化与津冀两省市在运河开发与管理上的合作，共建武清至通州运河游览区，做好区域河道游览的保护性开发总体规划，合理设计周边相应文化旅游景点和产业功能，促进运河沿线旅游开发功能设施建设，将其打造成为

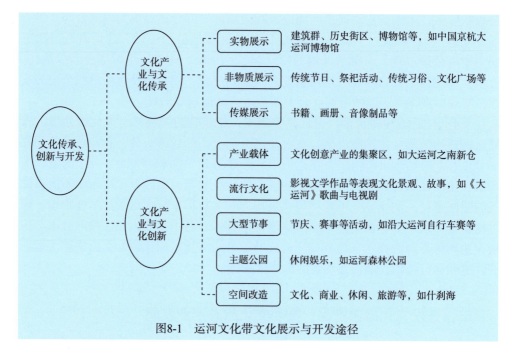

图8-1 运河文化带文化展示与开发途径

京津冀区域产业协作的标杆。

（2）通州运河规划项目实施。北京大运河通州段规划方案从北向南依次规划建设运河河源段、运河古韵段、运河时风段、运河山水段四个景区，并配套建设运河博物馆、五星级酒店、演出场地集群等现代商业项目。通过通州运河岛影、塔影、楼影、林影展现与现代商业的融合，形成通州文化旅游产业带。

（3）中国大运河北起点广场。依托中国大运河在附近的燃灯佛舍利塔（还有儒家文庙、道家紫清宫）、通济桥遗址、通州西仓遗址、通州大运中仓遗址、永通桥遗址等运河文化遗产较为集中的优势，对应杭州建设的运河起点广场和博物馆，在通惠河与北运河汇通处附近选址建设中国大运河北起点广场，在开放性空间建设一批与运河文化有关的雕塑，介绍与运河文化有关的遗址，阐述与运河文化有关的技术等，形成一个让世人了解北京大运河的窗口。

（4）电视剧或影视剧作品。深入挖掘北京大运河历史文化遗迹与轶事，通过艺术化的精品创造，打造深入人心、广受欢迎的影视剧作品，提升北京运河文化带的知名度，阐述好运河文化带所体现的凝聚、开放精神。

（5）运河文化周。开展运河游览、运河骑行、运河马拉松、运河文创、运河美术展、运河文化宣传等活动，进行集中展示。通过这些节事活动，在提升运河文化旅游的同时，也提升人们对运河文化遗产保护的意识。

三、推进运河古镇文化旅游景区建设，实现遗产保护性开发

一部中国大运河的漕运历史就是一部通州城的建设史。目前通州区尚存通州古城部分遗迹、张家湾古镇、漷县古城等，应注重围绕古镇中的主要文化遗产，推进相应景区功能的开发。

（1）恢复通州古城的历史遗迹。重点打造以"三庙一塔"和程家大院为核心的运河文化景区、以宝通银号为核心的商业文化景区、以静安寺为核心的民俗文化景区、以潞河驿黄亭子为核心的皇家文化景区，彰显运河文化底蕴。

（2）恢复张家湾古城的历史遗迹。在张家湾古城及其周边，拥有通惠河段境内主要遗址，如里二泗码头遗址、通运桥、张家湾码头、皇木厂、张家湾东门桥、虹桥、张家湾城墙、上下盐厂、广利桥（含镇水兽）等文化遗产。未来可依托遗产遗迹，结合历史文献和舞台剧与博物馆，再现当年的运河商业、航运业盛况；结合古城韵味，丰富古城业态，白天可依托湖面开展古典游船、皮划艇、帆船、钓鱼、轻型小游艇等参与性项目，晚上可以开发水上演艺、水上音乐会、水上灯光秀等项目。

（3）恢复漷县古城的历史遗迹。漷县镇拥有东门外石桥、杨堤关帝庙、曹家祠堂等历史遗迹，是中国千年古镇，可以通过引入"活态博物馆"理念，将文化遗产在原地按原状保护和保存，融合张庄村的龙灯、李辛庄的剪纸、靛庄的花丝镶嵌、云车、高跷、大鼓等多姿多彩的文化进行保护与旅游开发，在强调文化记忆的同时，融合当地居民生活、游客参与、活动表演、水上渡船等进行开发。

四、依托文化产业集聚区，建设大运河文化创意产业带

从北京的运河文化带来看，一是由北运河连通通惠河所形成的运河文化走廊，从走廊所对应的北京文化创意产业功能区来看，基本涵盖了现实中的北京文化创意产业轴的东轴部分。北京文化创意东、西轴中的东轴，自北京中心城文化核开始，东至CBD-定福庄国际传媒产业走廊功能区，是北京充分利用创新和创意，面向世界创造文化创意产品的主要轴线。

随着北京市委、市政府搬迁到通州区潞城镇及通州城市副中心建设，促进CBD-定福庄国际传媒产业走廊功能区向通州新城拓展，构筑大运河通惠河段历史文化与生态休闲走廊，实现文化创意产业联动，加快通州原创艺术和工艺美术产业化将变得更为可行和更具发展意义。从《北京市文化创意产业功能区建设发展规划（2014~2020年）》来看，朝阳区重点发展新闻、广播电视传输、广告、

影视等产业，协同发展文化休闲娱乐等产业；通州区重点发展艺术品创造展示交易，协同发展文化休闲娱乐等产业。从南长河、什刹海、玉河等一带的北京大运河来看，基本在北京文化服务产业轴之北部分，而该部分是北京服务市民文化娱乐消费、服务相关产业转型升级的主要轴线，该区域分属于海淀区和西城区。根据《北京市文化创意产业功能区建设发展规划（2014~2020年）》，未来一个阶段，海淀区重点发展数字内容类创意产业，协同发展文艺创作、演艺演出与文化生态休闲游；西城区重点发展文化金融、创意设计、数字出版、演艺演出等，协同发展会议展览、艺术品展示交易等。

综上所述，根据运河文化带的空间范围现状，提出以下五点建议。

（1）依托通惠河，在朝阳区和通州区之间打造大运河历史文化与生态休闲走廊。通过历史遗迹的整理修缮、与运河相关人物的事迹介绍、运河所经历的大事件、运河行船过程中所涉及的技术体系的介绍展示，形成一种文化休闲氛围。通过绿地面积的扩建、休闲健身器材的布置、部分河道两岸的拓宽和功能置换，如城市排水泄洪通过地下综合管廊进行，形成一个能够让人休闲的开放空间。

（2）在大运河历史文化与生态休闲走廊的两侧建设创意产业带。依托运河文化遗产保护和生态休闲走廊建设，推进城市更新，通过高层写字楼和商务楼建设，发展数字内容创造、数字传媒、影视动漫制作、广告和文化展示、休闲娱乐健身等行业，形成一个文化创意产业带。因为这类产业对创新思维和良好的环境要求较高，在闹市区很难拥有此类的创意思考环境，通过大运河历史文化与休闲走廊的建设，可以为通惠河两侧的城市更新提供一个新机遇，进而带动周边地区的商业化、创意化开发，如上海新天地、上海1933老场坊、北京什刹海等地。

（3）重点打造通州古城和运河文化展示区。随着北京市委、市政府东迁潞城，拥有运河和古城文化遗产，运河文化广场及其周边地区很可能发展成为一个企业集聚的总部区。未来应通过运河文化广场、广场周边写字楼建设、广场周边古城开发，使之成为集聚现代服务业，尤其是商务服务业和高端文化创意产业的载体，成为北京东部发展带上的支撑区之一。

（4）推进宋庄原创艺术与卡通产业集聚区扩区转型。通过扩区转型，让更多具有获取较高价值能力的影视动漫制作、创意软件开发、文化信息服务类公司在此集聚，推进原创艺术转型，让其成为一个运河文化原创艺术展示区。随着北京行政办公区的加快建设，西部运河文化带的开发和通州城市副中心建设将促使本区域的房价与土地升值。原创绘画艺术是一个低成本的产业，可以设想的是，未来其必须转型发展。中国大运河涉及8个省市27个城市，随着升格为世界遗产和各省市的重视，将其打造成为一个以运河文化为主体的原创艺术展示和商务区是可能的，也是可行的。

（5）挖掘什刹海、南锣鼓巷文化旅游景区的运河文化内涵，打造水巷穿街的城市景观。针对南长河、什刹海、玉河等一带的运河，因为本身知名度较高，旁边又有南锣鼓巷等知名景点，玉河周边也是北京的老胡同，本身在产业发展上已融入什刹海、南锣鼓巷的开发之中，未来所需要的是进一步丰富其文化的休闲业态，通过建设中国大运河技术史博物馆、玉河南段约1.5千米河道整治工程，恢复历史水系景观，重现水穿街巷的历史风貌，让运河文化对旅游开发形成渗透，使其更具有运河的文化内涵。

五、对策建议

（1）成立运河文化带保护发展领导小组。建议成立由北京市发展和改革委员会、市规划和自然资源委员会、市水务局、市文化和旅游局、市文物局、市园林绿化局、市文化创意产业促进中心等市直部门和通州区、朝阳区、西城区、东城区等参与，由市主管文化的主要领导牵头的运河文化带保护发展领导小组，负责运河文化带建设的领导和协调工作。由北京市发展和改革委员会为核心的运河文化带日常工作办公室负责运河文化带保护发展过程中的具体事宜，执行市一级领导小组的指示与规划安排，推进相关市直部门与区的具体协调工作。此外，建议成立由北京市和六个区注资的运河文化带开发公司，纳入北京市国有文化资产监督管理办公室管辖，具体负责运河文化带的保护开发与运营。

（2）建立运河文化带资金池。运河文化带建设既涉及文化遗产保护、文化创意产业开发、园林绿化、体育建设、文旅休闲、文化公共服务等多个方面的内容，又涉及文化设施建设与征地拆迁、产业疏解与培育等多个领域。在各个领域，北京市都拥有相关的资金与基金，如产业方面有文化创意产业基金，文化保护方面也有相应资金。这些分散于各个部门的资金呈"条状"管理状态，不利于统一管理，建议成立相应的运河文化带建设资金池，将涉及运河文化带保护开发的相关基金注入该资金池，以便能够在运营主体的统一管理下推进建设进程。同时，管理部门也可履行相关职能并对资金的使用进行监督。对于征地拆迁，事先可通过银行贷款或市级财政注资的方式设立启动资金，因为文化创意产业属于营利性项目，可实施滚动开发，实现资金周转。在项目上，可以根据项目的特征，将其纳为公私合营运营机制，以动员社会资金，参与推进运河文化带和周边文创、文旅项目建设。

（3）推进运河沿线原有产业疏解与文创产业培育。在推进运河文化带休闲设施、绿道、文化公共服务设施、文化广场等基础设施建设的同时，鼓励现有非文化创意和文化旅游类产业向外疏解或向文化创意、文化旅游等与运河文化有关的业务转型。同时，在引进产业上，应同现有的商务楼办公载体进行协商与指导，鼓励按照运河文化带将来的保护发展需求，结合文化商业旅游的发展趋势，提早布局，如酒店、会议场所、文化旅游设施等，协调推动运河文化带核心地区和周边地区的开发建设。

（4）积极推进与津冀等省市的协同对接。文化与旅游相较其他领域更容易突破，可依托从天津至北京，尤其是武清—香河—通州北运河一段规划全面通航的便利条件，注重不同区段文化景观特色的打造和创意项目的布局，避免同质化竞争，形成一步一景、移步移景的文化旅游大线路、大景观，争取能在京津冀协同发展上率先破冰，成为京津冀三地协同发展的样板。注重与杭州等沿线各地在中国大运河文化带建设上的合作，共同打造中国大运河文化旅游线路。待条件成熟时，依托国家公园体制建设，联合沿线8省市共同申请成立中国大运河国家公园，促进各地区对中国大运河的全线全面保护性开发。

第二节　长城文化带近期行动和对策研究

长城文化带由于涉及的文化遗存较多，且文化遗存的知名度不同、道路通达度不同、保护开发条件不同，必须在项目策划和近期行动方面坚持"以点带面、功能错位、融合发展、特色培育"的原则。

"以点带面"就是借助通达条件较好、知名度较高的长城文化遗产景区连通周边各点，形成以点带面的保护开发格局。

"功能错位"就是结合长城文化遗存历史、风格、地理位置，以京津冀协同发展为契机，推进京津冀三地在长城文化遗存保护开发上合作互动，形成临近景区不同风格、功能错位发展的格局。

"融合发展"就是推进长城历史文化游览与体育休闲、民俗文化体验、红色文化、文化创意等融合发展，打造满足多样化需求的长城文化旅游景区，为吸引更多游客塑造观赏体验条件。

"特色培育"就是立足现有功能较为齐全的城镇，以城镇作为长城文化旅游的集散地，通过高标准建设特色旅游小镇，扩大特色小镇对国内外游客的承载力，并通过培育特色小镇实现保护、开发与富民的统一。

一、从全国文化中心和京津冀协同发展的视角，多层次推进长城文化遗产保护工作

（1）对接首都全国文化中心建设，多角度打造北京段长城文化保护工程。重点推进平谷区红石门、昌平区南口、怀柔区箭扣、密云区古北口等既有历史文

化价值、世界遗产价值，又有观赏体验价值的长城保护工作，对接联合国世界遗产保护、国家相关文化遗迹保护标准，从文化认知、交通设施、自然资源利用、文化线路、技术发展、历史城镇、历史遗迹、文化景观、文化战略等多角度进行综合谋划，研究编制北京段长城文化保护规划。

（2）从延续京津冀地区历史文脉保护传承的角度，推进长城文化遗产保护的跨区域合作。历史上，京津冀三地是一个整体，尤其是"以天子守国门"的明代，蓟州所管辖的东部防区与宣府所管辖的西部防区是捍卫首都北京、防止游牧民族南下侵扰首都的核心屏障。民国以来，随着行政上划分为不同的三个辖区，一个具有整体历史文脉的长城被人为地分割，限于区域自身的经济发展水平、地方财力、保护意识等的差异性，京津冀三地在长城文化遗迹的保护上并不同步，呈现出在同一段长城中分区域保护效果参差不齐的现象。在京津冀一体化发展的大格局下，三地应从长城文化遗产的整体性保护出发，共同开展交界区域长城文化遗产的保护开发工作，建议将平谷区与天津蓟州区、河北兴隆县相交界的红石门一带，北京密云与河北滦平的古北口、金山岭一带，北京延庆八达岭长城与河北怀来大营盘、板厂峪、水头、黄楼院、陈家堡一带，北京延庆与河北赤城等段长城的修缮保护和开放利用作为重点。

二、重点推进东中西三个区域的长城文化带保护性开发，打造跨区域的长城文化旅游集聚区

（1）东段依托平谷红石门长城，连通津冀，打造以红石门长城为核心的东部长城文化旅游集聚区。红石门及其周边遵化、蓟州境内的长城①，明时属蓟州（现天津蓟州区）管辖，为蓟镇长城一部分，由于年代久远、地处荒山野岭，该区域的长城受自然损毁非常严重，大部分墙体坍塌、乱石堆砌、杂草丛生、轮廓不清，不适合野外攀爬。

第一，该段长城应本着"修旧如旧"的原则，妥善保护长城的真实性、完整性和沧桑古朴的历史风貌。

第二，统筹河北省遵化市、天津市蓟州区、北京市平谷区的旅游发展规划或战略，将该段古长城整体作为一个重要旅游景点，沿长城修建连接京津冀三地的

---

① 平谷境内的长城为明代在北齐长城基础上所修建，全长48.52千米。该区域明长城东起天津市蓟州区、河北省兴隆县、北京市平谷区三省市交界处最高峰大松木顶，北至兴隆、密云、平谷交界处的北水峪挂弓岭。天津市蓟州区辖域内明长城主线划分为赤霞峪、古强峪、船舱峪、青山岭、车道峪、黄崖关、前甘涧7个段落。北京市平谷区有彰作里关、将军关、黄松峪关、南水峪关、北水峪关5座关口，除城墙外，部分地段以险为障，以崖代墙。河北省遵化市长城关口10多处（洪山口、活口、马蹄峪口、蔡家峪口、秋科峪口、甘渣峪口、沙坡峪口、冷嘴头口、大安口、鲇鱼池、马兰关、龙洞峪、券门子口等），东半部有约7.5千米较完整，西半部大部分被损坏。

旅游公路，将景区连成一线。完善景区配套设施，建设游客休息厅、购物商店、卫生间等旅游基础设施。

第三，围绕周边景区，如金海湖景区、石龙峡景区等非长城景点进行联动开发。依托平蓟路、马平线、津围线打造几个重点旅游小镇，高标准建设重点旅游小镇的旅馆酒店、车站、停车场等设施。推进长城保护所需要的村庄搬迁工作，如将红石门村村民迁往金海湖镇，使之成为推进该区域长城文化带协同共建的立足点和重点开发区域。

（2）西段依托延庆八达岭景区，连通昌平、怀来段长城，打造以八达岭长城景区为核心的西部长城文化旅游集聚区。八达岭段长城被称作"玉关天堑"，是明长城向游人开放最早的地段，以其宏伟的景观、完善的设施、深厚的文化历史内涵著称于世。

第一，将八达岭长城建设成为辐射带动周边区域长城文化资源开发与旅游发展的核心。依托八达岭长城、水关长城、中国长城博物馆等丰富的长城文化资源，重点开发长城观光、文化体验、会议会展、康体养生等旅游产品，打造八达岭长城文化休闲度假旅游区。

第二，推进八达岭长城与周边区域在长城文化资源开发上的有效衔接。推进昌平区居庸关、上关城、南口城、长峪城等长城文化遗产资源的修缮和保护利用，进一步挖掘居庸关长城防御体系的军事文化内涵，展示关城文化的历史脉络和文化内涵，逐步将关沟、居庸关防区内的文化遗存纳入游览体系，将居庸关升级为5A级景区，依托京新高速二期推进八达岭景区、居庸关景区的线路整合。

第三，八达岭长城与怀来长城的一体化保护开发。依托北京八达岭长城的人流、客流与知名度，积极谋划与河北怀来大营盘、板厂峪、水头、黄楼院和陈家堡等长城段落的衔接，推进与河北怀来县在长城保护、线路对接等方面的合作，推进跨区域长城文化旅游的共同开发。

（3）中段依托密云古北口长城景区，连通滦平段长城，打造以古北口长城、司马台长城、金山岭长城为核心的中部长城文化旅游集聚区。古北口长城是中国长城史上最完整的长城体系，由北齐长城和明长城组成，包括卧虎山、蟠龙山、金山岭、司马台四个城段。古北口是山海关、居庸关之间的长城要塞，为辽东平原和内蒙古高原通往中原地区的咽喉，历来是兵家必争之地，尤其是在辽、金、元、明、清这五朝，大大小小争夺古北口的战役从未停止过，因此长城的作用显得尤为重要。

第一，将古北水镇打造成为中段长城文化旅游的集散地。优化司马台长城与古北水镇的周边环境，支持古北水镇后续配套设施建设，创办古北口国际文化旅游节等大型旅游节事活动，丰富长城文化主题的休闲度假业态，提升接待能力和服务品质，从基础设施、人才培训、营销宣传等方面支持司马台长城与古北水镇联合申报5A级景区。

第二，推进长城文化与古北口其他文化的融合发展，打造长城文化带中段文化旅游区。整合古北口历史文化资源，深入挖掘御道文化、长城文化、红色文化、民俗文化，打造御道主题风景道、长城徒步线路、行宫博物馆、御道创意集市、边关风情主题度假酒店、古北口民俗度假聚落、古北口抗战纪念公园等项目，建设密云最具历史文化风情的旅游度假基地。

第三，深化北京密云与河北滦平在长城文化带上的合作。对接双方之间的长城保护性开发规划，加强司马台长城、金山岭长城①的一体化开发，强调长城品牌塑造、产品差异发展，并通过联合组织京北长城文化节、长城穿越徒步赛等活动，实现长城资源的协作开发。

三、依托现有知名景区，联动周边景点与旅游线路，打造一体化文化线路

从北京市区到北部长城地区的主要交通线路包括：京藏高速（八达岭高速）和京新高速，主要连接北京的昌平区、延庆区与河北的怀来县；京承高速，主要连接北京的怀柔区、密云区与河北的滦平县；京平高速，主要连接北京的平谷区、天津的蓟州区。因此，应围绕上述主要交通线路推进长城沿线地区的联动发展。

（1）以八达岭长城为核心，促进延庆及周边地区长城文化景区的升级。推进八达岭长城文化旅游小镇建设，强化文化创意、休闲度假等功能，引入特色民宿、实景演艺、创意作坊等高端业态，打造集文化体验、休闲度假于一体的八达岭长城文化小镇，提升整个景区的接待能力。推进景区的联动发展，重点建设八达岭国际文化旅游健康城、八达岭森林生态体验基地、八达岭长城实景演出、岔道古城、石峡关文化旅游项目等，结合2022年北京冬奥会优化提升八达岭滑雪场，实现长城游览、文化体验、体育休闲的一体发展。推进广场、接驳场站、停车场等基础设施建设，提高游客接待能力。推进长城文化旅游产品的创新，以历史事件为主题，通过声光电等高科技手段，创造夜间长城旅游新热点。

（2）以十三陵、居庸关为中心，推进昌平区长城文化带的保护性开发。以十三陵、居庸关、巩华城为依托，着力提升明文化的时代内涵，打造明文化综合体验区。整合居庸关、白羊城、长峪城等古村落资源，加强南口、流村地区长城

---

① 金山岭长城地势险要，视野开阔，设防严谨，建筑雄伟，是我国万里长城的精华地段。1988年1月被国务院公布为第三批全国重点文物保护单位，1991年被国家定为一级旅游景点、国家级风景区。金山岭长城位于京郊古北口长城东南十余千米处，属河北省滦平县管辖。金山岭海拔700米，登山北观群山似涛，东望司马台水库如镜，南眺密云水库碧波粼粼。长城依山凭险，起伏跌宕于山水之间，形势极为雄奇。尤其此处敌楼密集，构筑精巧，形式多样，为万里长城中正在开发的旅游胜境之一。金山岭长城内外高山峻岭，林海苍茫，春夏秋冬四季适宜徒步旅游和登临。

修缮和保护利用，展示关城文化的历史脉络和文化内涵。

（3）以慕田峪长城为核心，推进怀柔区长城文化的保护性开发。长城慕田峪段已经进行了保护性开发，成为怀柔最具吸引力的文化旅游景区之一。同时加大文物修缮力度，推进抢险加固保护工程，如青龙峡段长城修缮工程，以及箭扣（天梯-鹰飞倒仰）、西水峪水长城、响水湖西段、慕田峪西段的抢险加固工程等。

（4）以白马关长城为中心，推进密云区白马古道综合旅游区建设。以白马古道、边关长城为特色，整合白马古道沿线的古堡、湿地、山地、水关长城等资源，打造白马古道旅游区；通过完善白马古道旅游服务设施，推进沿线村落改造、白马关河湿地景观治理与提升，优化旅游环境。在此基础上，重点打造白马关古堡乡村酒店、攀岩运动基地、自行车运动基地、白马关河湿地公园、长城遗址公园、番字牌文化园、杜鹃花海等项目，建设集康体运动、乡村度假和文化体验于一体的综合性旅游区。完善白马古道与黄裕口、黑龙潭、鹿皮关、石塘路、五座楼、白道峪、小水峪等长城文化景区的道路衔接，构建一体化的游览观光线路（图8-2）。

图8-2 密云长城旅游分布图

资料来源：http://www.360doc.com/content/16/0511/15/276037_558239225.shtml

（5）以红石门长城为重点，推进平谷区"一脚踏三省"旅游文化景区建设。以金海湖镇红石门彰作长城段为核心，对该段长城的宇墙、垛墙、敌台和墙体内侧的登山步道进行修缮。在明长城进入北京段起点（"一脚踏三省"）至17号敌台和5 000多米墙体抢险加固等一期保护修缮的基础上，由文化部门继续实施该段长城砌筑墙体和敌台垛口、安装防护栏、墙体内侧登山步道修缮等二期保护修缮工程，为开放旅游创造条件。实施长城沿线村庄的基础设施建设，实施红石门和彰作两村村民搬迁工程，完善景区配套设施，建设游客休息厅、购物商店、卫生间等。

四、对策建议

（1）成立市一级北京长城文化带管理委员会。建议成立由北京市发展和改革委员会、市规划和自然资源委员会、市水务局、市文物局、市文化和旅游局、市园林绿化局、市文化创意产业促进中心等市直部门和平谷区、密云区、怀柔区、昌平区、延庆区、门头沟区参与，由市主管文化的主要领导牵头的长城文化带保护开发领导小组，负责长城文化带保护与发展的领导工作。建立以北京市发展和改革委员会为核心的长城文化带日常工作小组，负责长城文化带保护与发展的具体事宜，执行市一级领导小组的指示与规划安排，推进相关市直部门与区的协调工作。此外，建议成立由北京市和相关各区注资的北京长城文化带开发公司（纳入北京市国有文化资产监督管理办公室管辖），负责具体的北京长城文化带的保护性开发与运营。

（2）建立专门的长城遗产保护基金。作为世界文化遗产和中华民族自强不息与抵抗外来侵略的主要意象，长城有其独特内涵，也正是长城的存在，提升了北京旅游的档次和收入，"不到长城非好汉"，众多国内外游客因游览长城而连带游览北京其他名胜古迹或人文娱乐场所，可以说北京的旅游地位离不开长城的贡献。尽管在长城的修缮保护上，文化部门有专门资金，但仅供修缮保护。北京段长城距离较长，维修起来难度较大，增加一部分资金用于可持续的长城保护，既可以体现北京市对长城保护的重视，也可以提升长城修缮的水平。可以说，设立这一专门基金，有利于北京市各区和相关单位积极投身于长城的保护当中，也可以为长城周边地区的旅游开发与旅游业资源的整合发挥更好的引导作用。

（3）高标准推进景区内相关配套设施建设。适应休闲旅游的需要，推进连接旅游景区（点）、乡村旅游点、休闲农业园的绿道、风景道、长城遗产廊道、文化走廊、慢行系统、自驾车线路等建设，完善旅游公共服务体系和智慧旅游服务设施配套建设。适当开发一些长城乡居民宿、长城驴友户外大本营、长城脚下民俗旅游村、长城徒步观光道，并融合长城军事文化，设计长城驻军景观小品，打造军帐营地、长城主题拓展训练营，建设以长城观光、军事体验、主题拓展、乡居度假为特色的长城文化旅游区。

（4）积极与津冀和全国层面长城文化开发协同对接。一是，推进市内各区相邻长城段落的一体化开发。在北京市内各主要区段长城文化旅游景区建设的过程中，注重分工协调，打造各具特色的景观文化区段，形成差异化的发展格局。同时，注重区段之间道路、设施的衔接，塑造一体化的开发格局，如怀柔段长城与密云段长城、怀柔段长城与延庆段长城、延庆段长城与昌平段长城在线路开发上要进行一体化规划，避免形成孤立的景点。二是，促进京津冀三地长城保护性开发的协同。立足京津冀协同发展规划纲要，结合京津冀长城保护性开发的现状，以共建京津冀长城文化旅游带为突破点，依托蓟州—平谷—遵化段长城、密云—滦平段长城、延庆—怀来段长城，注重不同区段文化景观特色打造和长城文化创意开发项目的布局，避免同质化竞争，形成一区一历史、一区一故事、一区一文化的长城文化旅游大线路、大景观，争取能在京津冀协同发展上率先破冰，成为京津冀三地协同发展的样板。三是，注重与其他省（自治区、直辖市）的合作。中国的万里长城，涉及辽宁、河北、天津、北京、内蒙古、山西、陕西、宁夏、甘肃等省（自治区、直辖市）。各个省（自治区、直辖市）均有著名的景区，涉及不同的历史时期、不同的特征与建设方式，也承载了不同的历史。北京可以与这些省（自治区、直辖市）合作，打造万里长城文化旅游线路，共同拍摄有关长城历史、文化、故事、保护等方面的影视片。在保护性开发的基础上，北京可与相关省（自治区、直辖市）合作申请成立长城国家公园，推进各个地区对中国万里长城的全线保护性开发。

第三节　西山文化带近期行动和对策研究

西山文化带涉及的历史文化资源分布于海淀、丰台、石景山、门头沟、房山等区，目前大多已纳入市级和各区发展规划。除北京市级规划外，各区相关规划中也对西山文化带进行了定位（表8-1、表8-2）。依托现有的区级规划与项目，通过交通线路的有效连接与跨区域开发合作，使之成为历史文化遗产保护性开发与绿色生态保护的纽带，成为绿色北京与人文北京建设的重要支撑。

表8-1　北京市级相关规划涉及西山文化带项目

规划	项目	内容
《关于加快北京市市级旅游休闲步道建设工作的意见》	打造十条精品步道环线	包括市行政副中心滨水步道、司马台—古北口山水步道、八达岭—十三陵世界遗产步道、环西山步道、京西古道及房山世界地质公园步道等
《北京市"十三五"时期园林绿化发展规划》	环首都国家公园体系	加强与津冀周边区域合作，打造一批跨区域的国家级自然保护区、国家级风景名胜区、国家森林公园、国家湿地公园，在稳步推进八达岭国家公园体制试点区建设的基础上，积极推动构建野三坡、百花山、雾灵山区域等环首都国家公园体系
	历史名园修缮工作	启动香山静宜园、颐和园须弥灵境、北海等文物建筑的保护和复建工作，全力推进颐和园听鹂馆等重大古建筑修缮项目

续表

规划	项目	内容
《北京市"十三五"时期加强全国文化中心建设规划》	西山文化带文物保护及传承工程	以三山五园为核心，通过对西山范围内的不可移动文物开展环境整治修缮、组织单位及居民搬迁以及对社会开放等措施，进一步恢复香山"二十八景"历史文化景观
	圆明园遗址保护利用工程	开展圆明园重点区域的考古、信息监测、环境整治及西洋楼景区的数字化展示等工作
	北京基金小镇	位于房山区长沟镇中心区域北部，分三期建设，预计2020年整体竣工，将整合产业链上下游资源，吸引文化产业基金、创业投资基金、股权投资基金等各类基金以及相关金融机构入驻，为文化创意产业发展提供金融支持
《北京市文化创意产业功能区建设发展规划（2014-2020年）》	历史文化和生态旅游功能区	以"三山五园"历史文化景区、西山八大处文化景区、周口店北京人遗址、云居寺文化景区、明十三陵文化景区、斋堂古村落古道、八达岭长城、慕田峪长城等文化旅游景区和永定河生态文化新区、北京文化硅谷、古北水镇民俗文化体验区等重点项目为载体，整合开发文化休闲与娱乐的城市新型功能区域，以文化旅游休闲产业带动生态保护和传统农业转型升级

表8-2 北京各区关于西山文化带规划

区县	建设内容
海淀	加快建设"三山五园"历史文化核心，深化颐和园圆明园板块、香山板块、园外园板块特色发展
门头沟	构建"大西山"旅游联动发展格局，联动海淀、石景山、房山，共同打造成为首都西部的"花园、果园、休闲度假乐园"；联动河北省开展环首都国家公园建设；打造潭柘寺禅修文化古镇与斋堂传统村落文化名镇
房山	和河北省保定等市县协同推进中国房山世界地质公园一体化进程，同时提出打造周口店、云居寺、长沟、上方山、韩村河、大石窝、九龙坡等文化旅游板块
石景山	提出打造西山国家公园生态文化核心区，统筹西部山、水、泉、林、寺等自然及历史文化资源，通过生态廊道、绿道建设串联八大处、天泰山、模式口等西部生态文化和景观资源，使西部山区成为风景宜人、环境优美的生态文化旅游胜地。重点进行西山国家森林公园、法海寺国家森林公园、八大处文化风景区三处升级改造工程，同时打造模式口、新首钢工业遗迹、永定河、莲石湖等精品项目

一、以"三山五园"为核心，推进历史、生态、文化旅游核心区建设

依托"三山五园"厚重的历史文化底蕴和丰富的生态旅游资源，以凤凰岭自然风景区、棋盘山风景区、菩萨山风景区、和平寺和白羊沟景区、后花园（白虎涧）风景区等为载体，以文化旅游休闲产业带动生态保护和传统农业转型升级，建设历史、生态、文化旅游核心区。

（1）推进"三山五园"文物修复和文化展示工作。一是，加强文物修复。推进"三山五园"历史文化景区、长河文化带等地区文物保护，建立完善的文物

保护修缮体系。深入挖掘文化遗产价值，实施北法海寺等文物保护工程，打造荟萃自然风光、皇家园林、近现代史迹的文化景观。实施圆明园大宫门、香山二十八景等一批遗址保护性修复工程，提升西洋楼遗址保护水平，建设历史文化资源标识系统。二是，推进文化展示。推进数字圆明园、海淀非物质文化遗产展示中心等文化项目建设。恢复香山历史景观和传统京西稻景观。建设文化遗产数据库和数字服务网络，构建文物保护数据化标准体系。建设海淀区非物质文化遗产展示中心，构建非物质文化遗产"活态"传承体系。

（2）推进"三山五园"和周边区域的保护性开发。

第一，开发高端特色文化旅游。促进新文化旅游、生态休闲旅游等项目建设，联合八大处、依托S210线，推进"三山五园"景区与凤凰岭风景区、棋盘山风景区、菩萨山风景区、后花园（白虎涧）风景区等联动发展，建设文化、生态、休闲旅游景区和亚洲佛教文化交流中心。

第二，推进道路和景观建设。以"山水田园、诗画玉泉"为愿景，高水平完成园外园二期、三期生态环境提升工程，推进党校西项目代征绿地和荷清园二期建设，整体提升"三山五园"地区的生态环境品质。以凤凰岭、鹫峰、大觉寺区域为重点，通过增加种植彩色植物，与现状林进行合理搭配，营造西山地区丰富多彩的季相变化。适当设置休闲驿站和观景平台，与山地休闲、山地自行车、城市近郊慢行体系整合，完善西山文化带的休闲游览方式和主题游线系统。优先启动西山国家登山步道建设，做好西郊观光线，规划金河路、旱河路等道路，以及小月河滨水绿道、北清路科技绿道等项目，构建健康绿道网络体系。

第三，建设特色公园。建设百旺公园三期、中塔公园二期、小月河、南长河下游等公园绿地，改造提升八家牡丹文化园等老旧公园。

第四，推进湿地生态修复。对稻香湖湿地公园、崔家窑湿地、西玉河湿地、上庄后河湿地、柳林湿地、苏家坨雨水调蓄区、门头村蓄滞洪区雨水湿地等进行生态恢复和景观建设。进一步加强翠湖湿地公园生态建设，将翠湖湿地公园建成国内城市湿地公园生态修复与科普的示范园区。

第五，建设博物馆。推动海淀新博物馆、中关村互联网博物馆建设。加快建设圆明园博物馆和"三山五园"文献馆。推动乡情村史陈列室、镇域特色民俗馆、民办特色博物馆等项目。

第六，建设文化创意产业园区。优化清华科技园、中关村软件园、东升科技园等综合型产业园区的产业结构，提升768创意产业园、中关村数字电视产业园等特色产业园区的服务功能和竞争实力，培育壮大中关村互联网文化创意产业园等新型文化创意产业园区。

二、以保护永定河历史生态为核心，打造永定河生态历史文化观光带

以永定河为主线，以沿线灵岩寺大殿、百花溪径景区、双林寺、爨底下村古建筑群与古居民村落、八路军冀热察挺进军司令部旧址、京西古道景区、灵溪风景区、清工部琉璃窑厂、天利煤厂旧址、承恩寺、北京园博园、晓月郊野公园、宛平城、中国人民抗日战争纪念馆等景区为点，依托沿永定河景观道路的打造与治理，通过沿河公路构筑永定河生态历史文化观光旅游带，通过文化旅游与创意开发，打造西山文化带建设的重要支撑轴带。

（1）永定河流域治理工程。落实永定河雁翅段和军庄段、永定河龙泉湾二期（王平—陈家庄段）等一批生态修复工程。加强苇子水水库、斋堂水库、珠窝水库、落坡岭水库、三家店水库等重要水生态区域的保护。

（2）绿色生态河流走廊工程。推进王平湿地、龙凤岭国家级水土保持科技示范园区、滨河景观带和麻峪湿地公园、永定河休闲森林公园、污水处理厂二期、永定河东岸绿化带等重点项目建设，合理规划堤外水岸空间，美化沿河绿色景观，逐步恢复永定河横向、纵向的连通性，营造公园湿地、河道绿地交相辉映的休闲滨水生态画廊。

（3）建设永定河历史文化观光带。从市区至妙峰山、神泉峡、灵溪景区的线路来看，需要经过永定河沿线的交通干线，建议将这一区域的主要风景区纳入永定河走廊，实施联动的文化旅游业开发，便于与永定河下游的主要景点形成相互支撑和相互带动的发展态势。

（4）推进现代文化科技创意园区建设。依托永定河沿岸的景观走廊，重点推进门头沟城北文化科技融合产业集聚区、房山中央休闲购物区、首钢工业文化旅游项目等，整合周边的文化、科技和工业、历史文化古迹，构筑沿永定河景观带的文化科技新载体，促进新型文化科技业态的集聚，促进现代文化科技产业创新与融合发展。

三、以潭柘寺—云居寺为核心的寺庙线路为主轴，打造生态、历史、文化观光带

以潭柘寺—云居寺为两核，联结沿线戒台寺、姚广孝墓塔、将军坨景区和万佛堂及其周边的石花洞相关景区公园，以点带面，通过文化遗迹的保护与修缮、文化旅游古镇的建造和旅游线路的整合，打造以佛教文化、地质资源为主线的生态与历史文化观光带。

（1）打造潭柘寺禅修文化古镇。发挥潭柘寺景区的龙头带动作用，整合周边定都峰、阳坡园等旅游资源，以禅修文化为核心，大力发展禅修体验、禅修养生、国学教育等产业，完善综合配套服务，打造"皇城佛境·养生潭柘"品牌形象，建设集禅修文化、旅游度假、山地养生为一体的文化旅游体验地。

（2）推进周口店文化旅游板块建设。以周口店遗址为中心，整合周边的仙栖洞、水洞和国家森林公园、周口店遗址等景区，以原始独特的古人类遗址、特色岩溶景观、典型地质构造遗迹、厚重的文化遗存为依托，把中国房山世界地质公园建设成为国际一流的旅游度假目的地。

（3）推进上方山生态文化旅游板块建设。以上方山国家森林公园为内圈层，加大生态环境保护和生态旅游开发力度，推动上方山寺院群落的复建和开发，加快上方山国际旅游度假区建设；以周边龙门口村有条件村庄为外圈层，把上方山打造成集休闲、观光、朝圣于一体的度假胜地。

（4）推进长沟文化创新发展板块建设。依托长沟镇北京基金小镇、文化硅谷等重大项目，大力发展新兴文化创意产业和低密度商务办公，形成文化创新产业发展圈。依托旅游集散中心、地质博物馆、长沟湿地公园等旅游资源，大力发展滨水休闲、生态休闲产业，推动周边南甘池、东长沟、沿村、坟庄等周边村落建设，因地制宜发展特色文化创意和文化旅游业态，形成生态旅游带动发展圈，推动长沟打造"中国文创第一镇"。

（5）推进琉璃河燕都遗址公园和戒台寺郊野公园建设。通过遗址公园和郊野公园建设，加强文化遗产保护利用，拓展城市发展的绿色休闲空间。

（6）推进大石窝石作文化板块建设。立足丰富的自然资源和突出的产业特色，加快美石谷、红酒庄园等项目建设，以雕刻产业为龙头，构建以石雕艺术、石作文化、书画艺术为特色的文化产业体系，借助区域产业转型的有利机遇，积极对接城区文化艺术品交易市场，打造以艺术创作、艺术品交易为特征的特色文化艺术产业中心，形成艺术氛围浓厚、创意经济活跃的"艺术小镇"。

（7）推进云居寺文化旅游板块建设。以云居寺文化景区为内圈层，加大文物保护力度，加快云居文化宫、石经博物馆、舍利塔等重点项目建设，谋划建设云居会馆、禅修中心、养生馆、居士林等商业项目，提升旅游服务能力。以周边水头村、下庄村等为旅游辐射带动圈层，提升云居寺及其周边地区文化旅游产业的发展水平。

四、立足京津冀协同发展，共同打造大西山国家公园

全面落实"合力打造京西南黄金线路"合作协议，整合区域旅游资源，共同开发旅游精品路线，依托房山云居寺及其周边景区、十渡风景名胜区及其周边景

区、百花山自然景区及其周边景区、灵山风景区等市辖区内的主要旅游节点，联合河北的怀来县、涞水县、涞源县、易县、涿州市等地区，抓好旅游环境的优化提升，重点推进旅游综合服务区、休闲步道、景观廊道建设，推进旅游线路与景点的连接，构筑环首都文化旅游联动开发大格局。

（1）实施八大旅游景区组团打造工程。规划建设潭柘寺—戒台寺—定都峰—九龙山、京西大峡谷—百花山—灵山、爨柏—灵水—黄草梁、妙峰山—樱桃沟—玫瑰园—神泉峡、珍珠湖—南石洋—碣石沟、清凉界—十八潭—落坡岭—北岭、大台矿山文化和京西商旅古道"八大旅游景区组团"，加快编制景区专项规划，建立项目库，完善旅游配套设施，推动旅游文化健康休闲产业发展。

（2）联合申请大西山国家公园。以中国房山世界地质公园为龙头，与河北省保定、涞水等市县协同推进中国房山世界地质公园一体化进程，以功能区内周口店北京人遗址科普区、上方山—云居寺宗教文化游览区为依托，联合石花洞溶洞群观光区、十渡岩溶峡谷综合旅游区、百花山—白草畔生态旅游区，以及河北的野三坡综合旅游区、白石山拒马源峰丛瀑布旅游区等，高标准布局建设一批高端文化旅游项目，实施西山文化带文物保护和传承工程，启动大西山国家公园建设，形成京津保生态屏障，构建京津保大旅游格局。

（3）推进生态林地保护建设。积极推进京津风沙源治理二期工程，继续实施国家级公益林管护工程、森林健康经营项目，加强百花山自然保护区、小龙门国家森林公园等重点区域生态保护。

（4）打造拒马河生态文化旅游走廊。对接河北沿拒马河一线的旅游规划，深化与河北相关县市的合作，依托拒马河沿线现有的中心城镇、中心村，规划一批特色文化风情小镇，联动沿线文化遗迹与自然生态资源，共同推动拒马河生态文化旅游走廊建设。

五、对策建议

（1）开展市域内和市域外的协同对接。依托大西山山水文化旅游资源，联动门头沟、海淀、石景山、房山、丰台，共同开创"大西山"旅游联动发展新格局，将"大西山"合力打造成为首都西部的"花园、果园、休闲度假乐园与创意园"，构筑市内"大西山"历史遗迹保护与文化旅游联动发展的格局，促进京冀两地在西山文化带建设上的协同。以共建环首都国家公园为突破口，联合大西山周边的易县、涞水、涞源、涿州、怀来等市县，注重不同区段历史文化与自然景观特色打造和自然景区开发项目布局，通过线路的整合与保护上的联动，构筑不同的大西山区域文化旅游景观轴带，成为守卫首都生态环境、彰显首都历史文化底蕴的核心文化带。

（2）注重不同景区间大通道衔接与景区内微循环道路的有效衔接。从该区域上看，主要涉及的交通线路有G108、G109、北六环与河北境内的首都环线高速等主要线路。

第一，注重核心景区与主要线路的有效连接，打通"断头路"。

第二，注重四个轴带内景区与景区、遗迹与遗迹之间道路的沟通，如建设能串连潭柘寺—云居寺之间各景点的快速路线，实现各景区景点之间的快速衔接，而不用再通过主要干道绕行。

第三，注意建设景区内的微循环道路，由于有些景点与文化古迹尚未进行系统性开发，在开发过程中应着眼于徒步、驾车的需求，实现景区内道路的微循环。

第四，适应休闲旅游的需要，推进连接旅游景区（点）、乡村旅游点、休闲农业园的绿道、风景道、长城遗产廊道、文化走廊、慢行系统、自驾车线路等建设，完善旅游公共服务体系和智慧旅游服务设施配套建设，形成网络化的全域漫游系统。

（3）高标准推进西山文化带各景区内相关配套设施建设。以景区周边的城镇为中心，建设旅游小镇，通过旅游服务中心建设，将其打造成为旅游线路上的重要节点。在景区配备建设必要的驻足、休憩、停车等服务设施，满足多样化旅游需求。在景区周边开发一些民俗旅游村，使其成为服务文化旅游和支撑景区周边发展的重要载体。

（4）与河北省共同争取将大西山纳入国家公园体系。与河北省联合申报环首都国家公园，通过景区联动、道路联通、文化遗产联合保护等方式，争取国家专项资金与政策支持，提升大西山文化带的世界知名度。通过资源整合和联合包装，申请世界历史文化遗产项目。

参 考 文 献

北京市规划和自然资源委员会. 2018-01-09. 北京城市总体规划（2016年—2035年）. http://ghgtw. beijing.gov.cn/art/2018/1/9/art_5096_544315.html.

北京市人民政府办公厅. 2016. 北京市国民经济和社会发展第十三个五年规划纲要. 北京：社会科学文献出版社.

陈金华, 秦耀辰, 孟华. 2007. 国外遗产保护与利用研究进展与启示. 河南大学学报（社会科学版）, 47（6）：104-108.

樊杰, 孔维锋, 刘汉初, 等. 2017. 对第二个百年目标导向下的区域发展机遇与挑战的科学认知. 经济地理, 37（1）：1-7.

宫辉力. 2018. 运河研究年度文选（2017年）. 北京：社会科学文献出版社.

龚道德, 袁晓园, 张青萍. 2016. 美国运河国家遗产廊道模式运作机理剖析及其对我国大型线性文化遗产保护与发展的启示. 城市发展研究, 23（1）：17-22.

顾风, 孟瑶, 谢青桐. 2008. 中国大运河与欧美运河遗产的比较研究. 中国名城, （2）：31-36.

郭军. 2005-10-15. 重建韩国清溪川：地域水文化与城市河道的亲密接触. 中国水利报.

侯仁之. 2001. 古代北京运河的开凿和衰落. 北京规划建设, （4）：8-12.

孔繁峙. 2011. 北京名城保护的几个问题. 北京规划建设, （3）：14-16.

李军. 2014. 国外文化遗产廊道保护经验及其对四川藏羌彝走廊建设的启示. 四川戏剧, （11）：116-119.

李伟, 俞孔坚. 2005. 世界文化遗产保护的新动向：文化线路. 城市问题, （4）：7-12.

李泽伟. 2018-02-26. 北京城市副中心：落实总规定详规搬迁同时谋布局. http://bj.people.com.cn/n2/2018/0226/c82837-31281807.html.

梁启超. 2012. 梁启超论中国文化史. 北京：商务印书馆.

刘佳燕, 陈宇琳. 2006. 专题研究. 国外城市规划, （5）：119-121.

刘蒋. 2011. 文化遗产保护的新思路：线性文化遗产的"三位一体"保护模式初探. 东南文化, （2）：19-24.

刘庆余. 2013. 国外线性文化遗产保护与利用经验借鉴. 东南文化, （2）：29-35.

陆大道. 1995. 区域发展及其空间结构. 北京：科学出版社.

罗森塔尔 M. 1973. 简明哲学辞典. 中共中央马克思恩格斯列宁斯大林著作编译局译. 北京：生活·读书·新知三联书店.

吕晨，蓝修婷，孙威. 2017. 基于地理探测器的北京市人口空间格局自然因素作用机理研究. 自然资源学报，32（7）：1385-1397.

毛锋，吴永兴，唐剑波. 2011. 空间信息技术在大运河遗产保护中的应用. 中国文化遗产，（6）：55-59.

苗长虹，樊杰，张文忠. 2002. 西方经济地理学区域研究的新视角：论"新区域主义"的兴起. 经济地理，22（6）：644-650.

阙维民. 2009. 世界遗产视野中的京杭运河北端通惠河. 地理研究，28（2）：549-560.

阮仪三，丁援. 2008. 价值评估、文化线路和大运河保护. 中国名城，（3）：36-41.

单霁翔. 2006. 大型线性文化遗产保护初论：突破与压力. 南方文物，（3）：2-5.

世界遗产中心. 2017-08-15. 纪伊山地的胜地与参拜道. http://whc.unesco.org/zh/list/1142#.

孙佩锋，尉天骄. 2011. 从中外比较视角看当前中国水文化建设存在的问题与对策. 华北水利水电学院学报（社科版），27（2）：13-16.

孙威，林晓娜，马海涛，等. 2018. 北京运河文化带保护发展的国际经验借鉴研究. 中国名城，（4）：25-31.

孙威，毛凌潇. 2017. 国外山岳型遗产地保护发展经验及其对北京市的启示. 智库理论与实践，2（6）：55-62.

唐剑波. 2011. 中国大运河与加拿大里多运河对比研究. 中国名城，（10）：46-50.

陶犁，王立国. 2013. 国外线性文化遗产发展历程及研究进展评析. 思想战线，（3）：108-114.

万婷婷. 2011. 法国米迪运河的遗产保护和管理研究. 东南大学硕士学位论文.

万婷婷，王元. 2011. 法国米迪运河遗产保护管理解析：兼论中国大运河申遗与保护管理的几点建议. 中国名城，（7）：53-57.

王成志，韩玉国，杨林林. 2016. 北京市朝阳区地表水水质现状评价. 北京农业，（1）：125-127.

王建波，阮仪三. 2009. 作为遗产类型的文化线路：《文化线路宪章》解读. 城市规划学刊，（4）：86-92.

王肖宇，陈伯超. 2007. 美国国家遗产廊道的保护：以黑石河峡谷为例. 世界建筑，（7）：124-126.

王一川. 2011. 北京文化符号与世界城市软实力建设. 北京社会科学，（2）：4-9.

王志芳，孙鹏. 2001. 遗产廊道：一种较新的遗产保护方法. 中国园林，（5）：85-88.

王子晖. 2016-08-05. 文化自信——习近平提出的时代课题. http://www.xinhuanet.com//politics/2016-08/05/c_1119330939.htm.

徐秀丽，郭晓蓉. 2017-02-27. 一张蓝图绘到底——北京城市副中心建设中的历史文化遗产保护. http://www.sach.gov.cn/art/2017/2/27/art_722_137588.html.

许瑞生. 2016. 线性遗产空间的再利用：以中国大运河京津冀段和南粤古驿道为例. 中国文化遗

产，（5）：76-87.

杨丽霞. 2010. 英国世界遗产地哈德良长城保护管理的启示：兼议大运河申遗及保护管理. 华中建筑，（3）：170-173.

于冰. 2009. 法国米迪运河考察记. 中国文化遗产，（3）：105-110.

俞孔坚，奚雪松，李迪华，等. 2009. 中国国家线性文化遗产网络构建. 人文地理，（3）：11-16，116.

张岱年，方克立. 2004. 中国文化概论（修订版）. 北京：北京师范大学出版社.

张广汉. 2008. 加拿大里多运河的保护与管理. 中国名城，（1）：44-45.

赵卫东. 2009-07-06. 什么因素制约了我国文化消费增长？ http://culture.people.com.cn/GB/40473/40478/9596503.html.

周玲. 2017-11-14. 老北京万宁桥 一座桥一段历史. http://www.naic.org.cn/html/2017/gjzg_1114/32378.html.

周珊. 2013. 加拿大里多运河的保护//中国城市规划学会. 城市时代，协同规划——2013年中国城市规划年会论文集（11-文化遗产保护与城市更新）. 青岛：青岛出版社.

朱晗，赵荣，郗桐笛. 2013. 基于文化线路视野的大运河线性文化遗产保护研究：以安徽段隋唐大运河为例. 人文地理，（3）：70-73，19.

CIIC. 1999. Ibiza declaration, congress on methodology, definitions and operative aspects of cultural routes IBIZA. Spain.

English Heritage. 1996. Hadrian's Wall World Heritage Site Management Plan 2002-2007.

Fan J, Sun W. 2011. Recent progress and outlook of human-economic geography in China. Progress in Geography, 30（12）：1459-1469.

Hadrian's Wall Heritage Ltd. 2008. Hadrian's Wall World Heritage Site Management Plan 2008-2014.

McPherson G. 2006. Public memories and private tastes: the shifting definitions of museums and their visitors in the UK. Museum Management and Curatorship, 21（1）：44-57.

Moss A, Brodie J, Furnas M. 2005. Water quality guidelines for the Great Barrier Reef World Heritage Area: a basis for development and preliminary values. Marine Pollution Bulletin, 51（1~4）：76-88.

Susan M W. 2007. National heritage areas: developing and specifying a model of interorganizational domain development, and exploring the role of the National Park Service as a federal partner. PhD. Dissertation of West Virginia University.

Zube E H. 1995. Greenways and the US national park system. Landscape and Urban Planning, 33（3）：17-25.